幸福到老

鹿溪的部落格感恩增訂版

——鹿溪 著

推薦序一

用屬於你的方式幸福到老

連加恩
家醫科醫師
《愛呆西非連加恩》作者
路加國際組織駐南非辦公室主任

《幸福到老》是一本讀起來很溫暖的書。除了因爲鹿溪本人就是一個眞誠、眞情、有溫度的人之外，我讀到的，更是那位陪伴她一起幸福到老的造物主的溫暖和愛。

初讀此書，可以當成是一個人生歷程的紀錄，讓讀者可以從鹿溪學習過來人的人生智慧，從童年到求學、求職、結婚、工作、信仰、孩子成家、與兒孫的互動，還有罹癌、抗癌的歷程。但當我把〈相逢在北港〉、〈一九六七年最後一夜〉和其他所有的故事串在一起，我才明白，原來那位一直都在、愛鹿溪的上帝的同行和陪伴，這是作者《幸福到老》的關鍵。讀著鹿溪在人生沙灘上步行的紀錄，我們讀到了之前被忽略的另外一道足跡，那來自與她同行的上帝。

〈相逢在北港〉講到鹿溪隨當警官的父親舉家搬遷到北港，在一個生病被禱告後痊癒的機會下，加入教會大約三年的時間。鹿溪說，她想念北港，因爲那是遇見主耶穌的地方。十多年後，在就讀台大人人稱羨的科系即將畢業時，鹿溪被前室友帶到一個佈道會，在師母的禱告聲中，她流淚了十分鐘之久，好像浪子回頭再一次重回天父愛的懷抱。其實神未曾遠離，只是默默的等她回家。

這一次的回家，好像一切都開廣了起來。緊接著我們讀到了鹿溪在婚姻、心靈、購屋工作、甚至後代的重重祝福，上帝給的很多，讓她不但寫書、還醫治她的嗓子，使她可以獨唱讚美神。

然而，上帝的愛，可以帶領我們走得更深，更遠。在〈晴天霹靂〉、〈當你所愛的人病了〉、〈有人在爲你禱告〉幾篇中，我們讀到她罹癌、抗癌的過程中，上帝透過丈夫、孩子，還有眾親友、教會的會友的禱告、愛和支持來告訴她——上帝的愛有時也透過周圍的人，讓我們感受。

經歷了那段疾病艱難的考驗，鹿溪的人生從承受祝福、變爲成爲祝福，在〈祝福：老人的功課〉一文，鹿溪教我們聖經中沒有退休一詞，老人有更榮耀更重大的工作，就是成爲祝福。

而在〈與上帝相會的時光〉這篇中我看到，那一位被上帝默默陪伴的人，成爲追尋上帝、等候要來親近上帝的人。

讀到這裡，有些讀者可能會想：對，上帝眞的愛鹿溪，那我呢？

我想要引用一個外國牧者的話來回答：God does not love everyone equally,（上帝並沒有平等地愛每一個人），He loves each of us uniquely.（祂用獨特的方式愛我們每一個）。

誠心地推薦您讀這本書，讓那文字中蘊藏的暖流——上帝的愛觸摸你，也爲你禱告。有一天，你也會在自己的足跡旁，看到那位一直都在的造物主的足跡。然後，用屬於你的方式《幸福到老》。

推薦序二

人生勝利組？人生勝利，主！

施以諾博士 作家
輔大醫學院職能治療學系專任精神科副教授
輔大醫學院老人照顧資源研究中心主任

讀了鹿溪的這本書《幸福到老》，果真人如其文，筆觸親切。如果，您只是遠遠的看著鹿溪，看到她台大畢業，嫁了個愛她且事業有成的好老公、生了傑出的好兒女、有可愛的好子孫，當然，她本身也活的頗受人敬重，那麼您應該會覺得，她簡直是個典型的「人生勝利組」。

然而，如果您讀過這本《幸福到老》，近看她的一生，看到造物主對她奇妙的安排與帶領，看到她是怎樣的倚靠主，怎樣爲自己的家人禱告，也許您會和我一樣爲她的人生下這樣的註腳——「人生勝利，主！」

可不是嗎？任憑我們再聰明，再有學問，這世界上有太多太多的事情是靠人類的知識與經歷所無法解決的；而世界上卻有許多人，不倚靠自己的聰明卻能成大事、卻能經歷許多美事，爲什麼？因爲人生勝利的關鍵，在於倚靠主；人生勝利的關鍵，在於順服主；人生勝利的關鍵，在於凡事交託給主。

比方說，在本書中的〈上帝藉詩篇九一篇向我說話〉中，作者提到了自己幾十年前與未婚夫面對困境時的心路歷程，並感受到信仰常常解決她生活中的大小問題；再者，許多人都會爲子女的婚姻操心，作者也不例外，本書中〈女兒的婚事〉、〈兒子結婚了〉這兩篇文章中，提到了她爲子女婚姻所擺上的禱告以及結果，讀來有趣極了；而在〈當你所愛的人病了〉以及〈有人在爲你禱告〉這兩篇文章裡，作者深刻描繪到她生病時，信仰對她的助益；而本書的〈購屋奇緣〉一文，她更生動的分享了現在許多人所面臨的購屋困擾，以及造物主如何幫助了她。上述這些歷程，都是人生在世所會面臨到的常見問題，但作者常在困難中倚靠那位慈愛的造物主，許多問題竟也都化爲祝福。

更讓我佩服的是，是她在〈祝福：老人的功課〉一文中的分享，她引用《聖經》上的一句話：「主發命令，傳好信息的婦女成了大群。」來期勉自己，認爲人到年老所要學習的功課，就是要能祝福他人，這是何等美好且大器的格局！值得後輩們效仿。

若要說鹿溪是「人生勝利組」，我不能否認；但如果要對她的生命下一個更貼切的註腳，我想該是「人生勝利，主！」甚願讀到這本書的讀者們，也都能經歷到造物主的賜福與恩典。

推薦序三

幸福到老代言人

黃瑽寧
馬偕兒童醫院兒童感染科主治醫師
親子育兒作家

幸福是什麼?

週末的下午，我在家陪孩子玩，漸漸疲倦上身，不知不覺的我就在沙發上睡著。醒來之時，孩子們卻已不見蹤影，原來是妻子沒吵醒我，帶孩子去公園溜達，並且在我身上蓋了一件被子。

忽然之間，我對幸福有了粗淺的答案：生命中若有人願意在你睡著之時，替你蓋上棉被，基本上就是幸福了。轉念一想，施比受更為有福，當我替家人在夜晚蓋上棉被時，自己也感到很幸福，可以說這一個付出關心的動作，其實是創造了兩倍的幸福感。

如果短暫的幸福感讓人愉悅，那麼長長久久，幸福到老的人生，更是人人所冀求，卻不知如何可得的。年輕的時候血氣方剛，以爲幸福可以呼之則來，揮之則去。直到有一天，發現青春已經遠去，身體從頭到腳，從內到外都開始衰退，許多想做的事情，竟早已力不從心。

這是母親（鹿溪）在她耳順之年，曾經與我分享過的心路歷程，當時仍年輕的我，並不是很能理解她的意思。

母親是一位敬虔的基督徒，她當然非常瞭解聖經中所教導，成爲幸福婦人的祕訣。終其一生，她是父親的賢內助，孩子們的精神支柱，替我們蓋了不計其數的棉被。正如聖經箴言所述：她的價值勝過珍珠，她丈夫心裡倚靠她，她用智慧建立起我們這一個家。

但是這些點點滴滴的幸福故事，卻仍然無法讓母親有十足的把握，能在上帝的恩典之下，就這樣順利的「幸福到老」。當時的她，不只一次向我透露「希望能優雅的度過老年生涯」，「不要活到老年失智」，「希望兒子能時常陪她聊天」……。那時候，母親已經在耕耘部落格。在文字中，她懷念逝去的親人，生病的老友，不只是思念而已，似乎也同時在尋求幸福的答案。

回歸本意，母親是想藉由部落格的文章，來療癒網路上的讀者；沒有想到，被療癒最多的，其實正是她自己。過去這十多年，上帝用極大的愛，讓母親再次確認了幸福的眞諦：信心倚靠主，隨處感謝神。她先是經歷照顧父親的疾病，沒多久病人換成自己，這一連串的苦難，在媽媽的筆觸中，竟是如此的樂觀與正面。隨著兒女相繼成家立業，轉眼間已是三個孫子的阿嬤，欣喜幸福之情躍然紙上，讓我讀了也哈哈大笑。

在本書〈祝福：老人的功課〉一文中，母親分享了這幾年的心得：「原來老人可以用不同的方式祝福許多人。」從母親過去的擔憂、迷惘、困惑，如今已經可以大聲的宣告：她已經找到「幸福到老」的祕訣！身爲兒子，我也可以很驕傲的說：我的母親（鹿溪），就是「幸福到老」的代言人！

目錄

輯二　人生轉捩點

輯三　彩虹之約

輯四　六十過後

輯五　熟年歲月

輯一

兒少年代

相逢在北港

經常想念北港——台灣南部的小鎮。

一九九五年，有機會舊地重遊，雖是驚鴻一瞥，卻強烈感受到景物全非的失落。古老的媽祖廟屹立依舊，但廟宇附近的建築與店家，已不復當年的寬敞與潔淨。驅車載我前去的友人匆匆繞了一圈，尋訪不著兒時有院落有圍牆的日式故居。似乎已縮小兩倍的街道兩旁，盡是販售祭拜用品的小舖；未營業的店面則兀自拉下亮晶晶而醜陋的密閉式鐵門，似乎正以冷漠澆熄我心中的火熱。友人同情地到巷子裡買了所謂的「名產」：幾包花生糖與兩瓶麻油，讓我攜回台北。

「不用再想念北港了」，我告訴自己。然而，還是不願輕易從記憶的存檔中，把「北港」刪除掉。

快樂與恐懼交織的童年

應該是一九四九至五二年之間吧！髫齡的我，隨著數年調職一次的警官父親，在北港鎮上住了四年。除了我及大妹之外，母親在那兒又生了弟弟與小妹，直至父親再度調職他處。

威權年代的警官父親，在地方上是兒女的保護傘；日據時期遺留敬畏「大人」（對警察的尊稱）的觀念，尚未從尋常百姓心中消失。住在舒適的官舍中，我的北港童年理當是快樂的。由於母親管教甚嚴，不能隨意外出，我卻也曾於寒冬清晨五時起床，坐上女傭阿圓的腳踏車前座，直驅空氣清新、風景宜人的郊外，買回早餐用的豆腐（好藉口）。那一路的欣喜與興奮，當不亞於徐志摩乍見康橋之晨的心領神會！

由於母親忙著幫助父親的事業與生養弟妹，我常可在家中木板走廊上奔來跑去，自在地嬉戲；拿張凳子，擱在圍牆下，往外觀看媽祖出巡行列的熱鬧盛況，順便模仿一下七爺、八爺的趣味造型與腳步。媽祖未出巡的平常日子，最吸引我的是一位穿著花花綠綠的英國金髮「姑娘」（傳教士）；幾乎天天路過的她，在當年簡樸保守、別無外國人的小鎮上，也是著名的一景！

不快樂的事並非沒有。一天，母親面色凝重地將一大塊木質地板掀開，啊！居然有個小小的「地下室」！她把尚在襁褓中的大妹放在鋪蓋上，囑我守在這臨時藏匿用的地窖裡，乖乖看顧小嬰兒。同時段，院子裡忽然駐進一群士兵，就地紮營與炊事，氣氛詭異緊張，約莫一週之久才撤離。長大後我猜測，母親那幾天之所以如此祕密地安頓我們姊妹倆，極可能是二二八事件的驚恐後遺症。猶記得她曾嚴嚴警告我：「路上看到兵仔要躲開，他們會殺人。」此後我隨阿圓出門時，只要經過憲兵隊門口，必然驚嚇萬分，害怕的情緒久久不能平復。

快樂與恐懼交織的童年，之後又發生了兩件影響我一生的事。

經歷主耶穌奇妙的醫治

五歲時，我後頸長了個俗稱「疔仔」的膿瘡，症狀是紅腫、化膿、疼痛、發燒。當時抗生素大概得來不易，醫生帶著出診包來家中看診多次，吃藥打針皆無效。原來只信科學西醫的母親只好找位老婆婆天天來爲我敷草藥，但至終情況不好反壞。不信神的母親，逼不得已也隨俗到媽祖廟拜拜求籤，然而這一招同樣落空。

眼見我發燒已近月，嚴母因憂心而變為慈母。那天，一位不甚熟稔的鄰居與母親在牆外的井邊偶遇，親切詢問醫生進出頻仍的緣由。獲知詳情後，鄰居建議：

「要不要請我們教會的牧師和長老，到府上為小妹妹祈禱？」（原來井邊一向是適於談道的所在。）

母親曾隨大舅去過幾次屏東娘家附近的基督教會，印象尚稱良好，立即表示歡迎。近午時分，發燒躺臥多日又讓棉被悶出一身汗的我，被召喚至日式客廳矮桌旁，看到幾位不認識的叔伯輩已圍几而坐。待我坐定，他們便一一低頭閉目，情詞迫切地喃喃自語。

「是在祈禱嗎？」我想。

最後，「阿們」喊得最大聲的牧師，溫和嚴肅地告訴我：

「小妹妹，妳放心，主耶穌會醫好妳的。」混混沌沌的我，再度回房擁被昏睡。

哪知當天下午，燒就退了。次晨，「疔仔」噁心的黃膿也一次流盡。我真的痊癒了！

原本無所事事的禮拜天，從此多了一樁帶大妹到教會上兒童主日學的好差事。妹妹喜歡主日學所發、外國教會捐的漂亮卡片，特別是鑲有亮片象徵雪景的那一款聖誕卡。我則愛上羅馬字課程，因爲它讓在幼稚園年齡尚稱文盲的我，能拼字唱聖詩、念聖經、與主日學老師通信；考羅馬字時，又每每贏過高年級生，大大提昇我的自信心。經歷主耶穌奇妙醫治的我，對祂的認識依舊模糊不清，直到某一天……

在祈禱上開了竅

母親怕我們亂買零食，從不給零用錢。而我對附近巷口一家小雜貨店中，放在玻璃罐內的彩色圓形糖果覬覦已久。每個禮拜天，母親會發給我們一人兩毛錢，帶去教會主日學奉獻。當我知道許多小朋友只奉獻一毛錢時，不禁萌生歹念：「若是私自留下一毛錢，就可在回家途中到那巷口買糖果吃。」反正媽媽在家坐月子，幫忙坐月子的歐巴桑也一早就買好菜，不會再出門，神不知鬼不覺，太美妙了！大妹聽了我的計畫，怯怯反對道：

「不行，上帝會看到的。」

「不會啦！」我有點心虛：「看到也不會怎樣。」

年幼的大妹終於投降。主日學回家途中，我們如願在小店各買兩顆色彩鮮豔、味道可口的「金柑糖」，津津有味地舔了起來。

偏偏人算不如天算。那天歐巴桑忘了向菜販要根蔥，騎著腳踏車多跑一趟市場。就這樣，我和妹妹被逮個正著。

回家後，歐巴桑果然向母親告狀。母親命令將我們綁在圓柱上，立刻一陣好打。機伶的大妹早就道歉了事，恢復自由，午餐去也；老實的我生平第一次做壞事就破功，懊悔之至，可是「媽媽對不起，以後不敢了」這句話，無論如何都說不出口，只能眼淚直流，心裡直唸：「主耶穌，我知道祢看見我偷買糖果了。」

那天被綁在柱子直到過午，母親才暗示歐巴桑將繩子解下，結束這難忘的人生第一次受罰事件。

此後，我在祈禱上突然開了竅，與主耶穌有了「交通」。上小學時，小至因作業不慎漏寫兩行、面臨挨老師打手心的危機，大至考卷不願讓隔壁同學偷看而遭挑釁恐嚇等等諸事，皆因虔誠禱告而化險為夷。縱使時空背景移到六十多年後的今天，對我而言，〈耶穌愛我〉不僅是兒時最喜愛吟唱的一首詩歌，也是日復一日伴我成長不可或缺的「心靈雞湯」。

午夜夢迴，依然想念北港多彩的童年、古樸的教會、失聯的主日學老師，還有，如今或已生離、或已死別的親人……。

睽違半世紀再訪故里後不久，我終於恍然大悟：

其實，我眞正最想念的，是在北港遇見的——主耶穌。

再見童年

在斗南國小讀二年級下學期的時候，八歲的小秀對自己說：「做『我』眞是好啊！」表達了她當時對自己的滿意。

小秀的安全感

小秀太有安全感了。信主耶穌兩年多，沉默寡言的她，有任何委屈、恐懼，不敢對嚴格的母親說的，都可以向主報告，而且得到及時的解決。她也頗有成就感，因爲功課好，考試常是滿分，這在學業成績取向的班上，十分吃香。加上三個弟妹都還小，需要媽媽花很多時間照顧，使得小秀生活上多了不少自由，雖然只是思想空間的自由，也很難得了。說起來，一生最大的幸福，莫此爲是。

原本膽怯的小秀

其實小秀剛上小學一年級時，尚未搬來斗南，讀的是北港的南陽國小。小秀的媽媽（秀媽）唯恐安靜老實、看起來有點呆呆的小秀上學後不能適應，決定讓她提前一年寄讀，作爲實驗。秀媽心想，如果讀不好，再重讀一年不晚。小秀由於年齡和膽子都比同學小，的確不適應學校生活。可能因爲尚在秀媽肚子裡時，正值二次世界大戰末期，常常有美國飛機轟炸而得躲空襲，被嚇到了；再加上幼童時代又有二二八事件，經常受到大人警告，所以膽子變小也說不定。

然而小秀每次考試都得滿分，一年級老師懷疑她作弊，還曾經令她坐在教室後座，接受特別監考，這才證明，小秀沒有作弊，智力也沒問題。隔壁座的凶巴巴女生，打算考試時偷看小秀的答案，因小秀不從，凶女生恐嚇她，說是要找十個男生在學校後門圍堵她，好好揍她一頓！小秀嚇得不敢回家，放學後，獨自坐在教室裡，向主耶穌禱告求救之後，心中平安，方才放心回去。

參加演講比賽

順利升上小學二年級，秀媽覺得她孺子可教，起意訓練她參加演講比賽。（秀媽眞是有創意啊，居然認爲小秀敢上台演講！）老師被秀媽說服了，派她在眾目睽睽的朝會中演講「昆明的小孤女」。內容是敘述二次大戰時，父母雙亡的昆明小孤女，被有愛心的美國大兵收容的樣版親美故事。小秀一邊發抖、一邊走上司令台，終於順利向全校師生演講完畢。令人印象深刻的是，就在當天演講後，因秀爸調職，小秀立即轉學離開了北港南陽國小。小秀生平的第一場演講，居然是她日後幾年參加演講比賽無往不利的前奏。

由膽怯變傲慢

小學二年級下學期轉到斗南國小之後，兩年半之中，由於秀媽跟老師的關係十分良好，加上當年以記憶力取向的學業，是小秀的強項，所以得第一名、擔任班長、模範生，參加演講、作文甚至寫字、圖畫比賽都過關斬將，讓小秀成爲學校中的風雲人物。每次開家長會，秀媽穿梭在老師與眾家長之間，喜笑顏開。幼時羞怯拘謹的小秀，在同學面前也變得傲慢囂張起來。

秀媽常說：「我的頭腦不輸大哥，只因爲他是男生，家裡就供他去日本留學。只因爲我是女生，就不能如願升學，實在太不公平了。」因此雄心勃勃的秀媽，早早就把期望寄託在乖順的小秀身上。

再度轉學

小學五年級下學期，秀爸又調職了。這回轉去屏東縣某個小鎮的國小，雖然只有一學期，小秀仍舊印象深刻。一開始她水土不服，氣管發炎、咳嗽感冒，甚至需要請假不上學，到診所打營養針。當時秀媽爲了家庭的經濟前途，必須到秀爸老家去開拓栽種水果的事業，奔波兩地，十分辛勞。小秀失去嚴母分秒必爭的監督，課餘開始迷漫畫、迷電影、迷歌仔戲……。由於該鎮的電影院有個壞習慣，警察子女看戲免費，小秀常常藉機偷跑去看戲，半年之間看過的電影與歌仔戲，不計其數。

成績單發下來，居然由年年第一名變成第九名。報告單上寫著：「該生學業成績應為全班第一名，但因請假九天，日數過多，故降為第九名。」眞眞豈有此理。全班第一名是家長會長的女兒，第二名是校長的女兒，這回秀媽疏於經營與老師的關係，敗給別人，一定十分扼腕。

惡補的名校

秀爸再次調職。秀媽讓小秀轉學到考初中升學率最高的小學，安排她住在該學區的親戚家。這間同樣位於屏東縣的學校，以「惡補」聞名；每天早晨六點鐘就開始早自習，晚上十點鐘才放學；午餐可以走路回家用餐，晚餐則帶便當到學校。至於早餐，由於時間太早，親戚無法供應，能幹的秀媽於是長期訂購鮮奶、雞蛋，天天送到學校的保健室，讓小秀享用。所幸親戚家境富裕，伙食良好，使得小秀發育期間營養充足，身體健康。

這一年當中，小秀依然是學校的風頭人物，畢業典禮代表畢業生致詞，領了鎮長獎。只是她不明白，為什麼老師給她的演講稿，要說什麼「春蠶到死絲方盡，蠟炬成灰淚始乾」的肉麻話，製造不符事實的哀戚氣氛。這一天，也就結束了小秀既風光又寂寞的童年。

不准去教會

附帶一提，小三時，秀媽不知何故，不准她到教會去了。從此小秀逐漸遠離上帝，被學校環境寵壞的驕縱之心，逐漸浮現。然而小六時，她也曾在作文簿上寫著：「最近感到『人生很空虛』」——這是她眞實的感受，並非爲賦新辭強說愁的做作；但身兼國語老師的班導看了並未寫下什麼評語，反而多扣了幾分，而且第一次破例不當作「模範作文」讀給全班同學聽。

小秀這樣空虛的情緒一直延續著……延續到二十二歲重新回到上帝的懷抱，方才逐漸被填滿。

後記：我的小名是阿秀。一九九六至一九九九年，我在佳音電台主持「打開心內的門窗」節目時，即名為「阿秀姊」。

金牛犢事件

二〇〇九是牛年，社區裡貼著金牛圖片，月曆上也印滿各式各樣的牛照片。和平教會蔡牧師唯恐弟兄姊妹不小心拜起金牛，於是在新春禮拜中講了當年以色列百姓信仰墮落的金牛犢事件（《聖經》出埃及記卅二章），以爲鑑戒！

我暗忖，「怎麼可能？」像我這樣蒙上帝恩典不勝枚舉的人，哪會趁信仰領袖不在，就去拜金牛犢呢？正在洋洋自得、自以爲義之時，腦海中浮現了童年至少女時代的三件事。

無知的模仿

讀小學五年級的暑假，媽媽帶著我們四個兄弟姊妹到屏東鄉下老家住。

老家正廳有個大大的神桌，除了供奉祖先牌位之外，牆壁正中央還掛著一大幅彩繪玻璃框的神像圖；記得中間是觀音菩薩和金童玉女，一邊是關公、劉備和張飛三個英雄。以前我常看到祖母虔誠上香，小姑姑未出嫁時，逢年過節也會認眞祭祀一番。祖母視力衰退後，神桌乏人問津久矣。

那時我不去基督教會已有兩三年，暑假沒事，不知做什麼好，於是興起帶弟妹們「拜拜」的念頭。誠心誠意地沐浴一番後，十一歲的我，領著八歲、六歲、四歲的弟妹們，學著大人點香，在神桌前排成一列，正打算喊口令跪拜時，媽媽回來了。

媽媽很生氣地大喝一聲，將我們驅散；並且處罰我這個始作俑的大姊，責備我以後不准亂拜。由於媽媽的理性，才救我脫離這一次無知的模仿行爲。（我後來認爲是上帝的攔阻。）

差點去算命

讀高一時，家住麻豆。某個禮拜天上午，媽媽要我到中藥舖買點當歸枸杞之類的燉補藥材。正在藥舖裡等待著，無意中聽見一位眼盲的算命先生，和店裡老闆二十幾歲的女兒聊著天。

「算命仙啊，你是不是可以幫我算算我的姻緣呢？」

「妳是理想太高，要再等一陣子喔！」

「說得沒錯。」老闆的女兒似乎感到他算得很準。

我決定下午偷偷跑去算命，算算我的未來。反正他算命的費用不貴，我還付得起。吃過午飯，趁媽媽午睡，溜到爸爸警官宿舍後頭的算命先生家中。鄰居都看過我這個分局長女兒，對我十分禮遇。然而由於算命仙不在，我只好耐心等候，過了半小時，卻仍不見人影。

沒想到神通廣大的媽媽午睡醒來不見我，居然讓她問到我去算命的消息！聰明的媽媽逮到我後，一定覺得我怎麼會這麼笨，於是隨口向鄰居說個理由，把我拉回家。

我突然醒悟過來，怎麼會想到要去算命呢？

邊說「阿們」邊擲筊

高中畢業，考完當年「一試定終生」的大專聯考，同班同學小華、小惠和阿珠，要求我帶她們到盛產文旦的麻豆家中玩玩。

在家裡用過午餐之後，對拜拜最有興趣且為聯考成績最煩惱的阿珠，提議到聞名的「X府千歲」拜拜，順便抽籤，問問聯考結果。

爲盡地主之誼，我就帶著她們去了。阿珠看到廟前的一口井，上面寫著喝了可以治百病之類的標語，認爲是「神水」，馬上喝了一瓢。我倒是怕不衛生，並未跟從。

進入廟裏，「古意」又虔誠的阿珠率先擲筊抽籤，她抽到上上籤，總算放心些。接著小惠和小華亦步亦趨，也抽到了中籤，大概考運還可以吧！輪到我時，就是沒有辦法嚴肅以待，擲筊多次總是無法一正一反；而且也不知爲什麼，很久沒去教會的我，心裡居然直呼「阿們」。

阿珠看不下去，認爲一定是我誠心不足而得罪了「神明」，還是由她替我求籤好了。果然阿珠很順利地幫我求到一支籤，未料卻是下下籤。廟裡解籤的先生說我功名不成，再等三年吧！我半信半疑，心想自己應該會上個公立大學，私立大學更是毫無問題的。

大專聯考放榜之後，我上了第一志願，小華上了私立大學，小惠和阿珠上了專科學校。從此我就沒有再進過廟裡拜拜了。

和主耶穌重新連上關係

我在大學四年級時信主，和主耶穌重新連上關係。之後眞正體會到聖奧古斯丁（St. Augustine, AD354-430）的名言不假：「只有上帝才能填滿人類心靈的空虛。」身爲上帝的兒女的確很幸福，不用拜拜、算命、求籤了。

然而，活在信仰五花八門的社會中，我還是常以《聖經》羅馬書十二章2節的經文自勉：「不要效法這個世界，只要心意更新而變化，叫你們察驗何為上帝的善良、純全、可喜悅的旨意。」如此金牛犢事件便不致重演了。

我的音樂老師

最近發現我們這些三年級生（民國三十幾年出生的銀髮族），縱使畢業於大學名校，其中看不懂五線譜的，竟也不計其數。而未正式學過任何樂器，也未上過音樂班（彼時無此玩意兒）的我，居然有能力進入合唱團，連四重唱、三重唱、二重唱與獨唱都難不倒，令我不得不感謝初三（即現在的國中三年級）時的音樂老師。

不受重視的音樂課

生長在小學生必須「惡補」才能考上好初中的年代，音樂課幾乎都被調來上國語、算術、常識。當時最為琅琅上口的曲子，以天天升降旗典禮必唱的反共愛國歌曲居多，目前已經不流行了。小學畢業後，我考上屏東女中初中部，總算恢復了音樂、美術、體育課，但它們算是「邊緣課」，不受師生重視。因此三年下來，身體沒有更強壯，圖也畫得烏鴉鴉；唱歌雖然有興趣，初一時還被老師點名參加學校新成立的合唱團，但可能因校長反對，練習一次就被迫解散了。音樂課是國文課之外，唯一讓我上課專心聽講、不偷看小說的學科，而合唱團僅只存在一天，是多麼大的遺憾啊！

認真的音樂老師

所幸，初三時來了一位甫自師大音樂系畢業的女老師，她的綽約風姿讓我們這些愛美的小女生眼前一亮。張老師皮膚白皙、容貌清麗，烏黑微鬈的秀髮，更教我這清湯掛麵族欽羨不已。加上她身材窈窕，服裝純樸典雅，整個人散發出如幽谷百合的氣息，同學們深深被迷住了，上起課來自然帶勁。張老師的琴音優雅，歌聲柔細；她的特點是認眞教學，音樂課本上每一首歌都仔細教完，尤其是樂理課，更是毫不含糊地解釋到學生清楚爲止。如此一年下來，奠定了我能夠識譜唱歌，上大學後還繼續在合唱團擔任女低音的基礎。

拜訪老師的家

無論如何，張老師似乎高高在上，除了教課以外，總是沉默地微笑著。後來我發現，班上的同學美惠居然是老師的妹妹，只是美惠行事低調，少有人知；而她那粉紅的蘋果臉，坦率的笑容，也和姊姊的氣質大相逕庭。有一陣子，我十分樂於和她放學後同路回家，算是稍解對老師的仰慕之情吧！某次，美惠還告訴我她禮拜天去教會的事，並向我「作見證」，傳達上帝垂聽她的禱告，使她月考順利的喜悅。美惠尚且邀我去過她家一次。那天下午，我害羞地跟在家的老師打了一聲招呼，老師的媽媽親切地招呼我到書房看書，也讓我注意到書櫃裡有個質樸的木十字架。我借了一本《天路歷程》回去閱讀；雖然不了解書中深義，但覺得實在比當時常看的言情小說淨化心靈太多了。

三十七年後與老師重逢

畢業後，考上台南女中高中部，從此未再見過美惠，張老師的倩影也逐漸存放在記憶深處了。未料三十七年後（一九九七年），在一次基督教婦女會的午餐會中，張老師赫然出現，而且與我同桌！應該年已六十的她，依舊端莊文雅。我從她胸前的名牌確定身分之後，驚喜地向她自我介紹。老師仍然一派恬靜，與我的興奮過度恰成對比。簡短談話中，知道她擔任某私立大學音樂系兼任教授，專職則是一個殘障基金會啓智中心的主任。

原來老師除了在大學兼課外，已經投入智障兒童的音樂教學、照顧、就業輔導等事工多年了。她的先生是大學生化教授，完全支持妻子對這些弱勢孩子的付出。她那安靜不聲張的信仰，默默奉獻給不被世人重視的智障兒，使我對她的懷念，完全跳脫了外表與音樂專業的吸引。時空的轉移、歲月的歷練，當年的一株幽谷百合已轉化爲熠熠發光的天使！

感受上帝無比的慈愛

與老師重逢之時，我尙在電台主持每週一次的福音訪談節目，自然不會放過機會，順勢邀請她成爲節目的來賓。這次的訪談，縮短我和老師的距離，從遙遠的台上台下，拉近到錄音室的面對面空間。聆聽她溫柔闡述這些被社會忽略、甚至遭父母遺棄的孩子們的需要時，我因上帝如此使用老師作祂的貴重器皿，而深深感動。而曾幾何時，我也早在大學時代「浪女回頭」，重返上帝懷抱，成爲幸福的天國子民了。焉能不心繫感恩？

我向老師要到美惠的電話。電話中，知道她因晚婚，還在忙著小孩哩！雖然從此因各自的生活工作未接軌而失去聯絡，但每當坐在禮拜堂吟唱聖詩時，張老師姊妹的容顏，偶而也會浮現腦際。這才醒悟到，我那乏善可陳、不堪回首的「鬱卒」初中生活，其實也沒有那麼糟！

與鼻炎共舞

從十四歲開始，大約每年十月至次年四月，是我的鼻炎發作旺季，醫生診斷爲「鼻蓄膿症」。於是乎，耳鼻喉科就成了我放學後必到之處。效果如何？夏天痊癒，秋冬發作，周而復始。夜晚常鼻塞而睡眠不足，白天頭暈腦脹，引以爲傲的學業成績也逐漸退步。惱人的鼻病，使得我的青春期黯淡無光！

兩年後，我已是台南女中高一學生，鼻子的困擾依舊揮之不去，心情還是「鬱卒」。猶記得寒假某個黃昏時刻，因天冷鼻炎發作無法看書；我坐在客廳裡，打開收音機尋求音樂的慰藉。無意間轉到一陣悠揚的樂聲，不是古典，也不像流行，卻令我心生一股寧靜之感。

音樂結束了，有個操洋腔的男聲，誠懇地說：「收音機旁的朋友，如果你有一種病，醫生醫不好，你可以現在就跪在收音機旁邊，我要爲你禱告。」啊！自己五歲時，不是曾有過因教會牧師禱告，以致病得痊癒的經驗嗎？不由自主地，我立刻跪了下來。

禱告很短。但不知何時天已黑了，爸爸下班回來，扭亮客廳的燈光。我趕緊從地板上站了起來。爸爸斥責我：「妳喜歡把自己關在黑暗中，怪不得心情常常不好。」我有點驚嚇，甚至剛才抱著期望禱告的事，剎那間也忘了。

上帝沒有忘記的禱告

第二天，是我必須「洗鼻子」的日子。我騎車往「X耳鼻喉科」去，心中充滿無奈。路口等紅燈的時候，遠遠望見一位不甚熟識的同班同學。說不熟識，因她個子矮我個子高，座位距離很遠；加上我不愛講話之故。未料她很熱情地跟我打招呼，且親切問我爲何寒假也到台南來。我告知以實情。

她說：「妳覺得那個醫生好嗎？」

我答：「不好。」腦海中出現他頭上戴著診察鏡審視病患時，常常露出的嫌惡表情。

「我幫妳介紹一位好醫生好嗎？」

我說「好哇！」於是按照她的指示找到了李耳鼻喉科。

這家診所樸實清潔，病人不算多。李醫師仔細看了我的鼻腔後，噴噴藥就結束了。我立刻發出疑問：「醫生，我的鼻子有蓄膿症，必須用刺針洗鼻子才行。」李醫師很和藹地表示我的鼻子只是過敏，而且不厭其煩地用生理食鹽水幫我清洗一次，讓我看看盤子裡的鼻涕是清潔的，沒有顏色。他勸我要注意身體健康，免得常感冒；若是感冒了鼻涕發黃再來看他。我說：「可是我晚上常常鼻塞睡不著，怎麼辦？」李醫師寫了一個藥名給我，說是任何藥房都買得到；交代只有鼻塞睡不著時才用，免得常噴產生副作用。

興高采烈地走出李耳鼻喉科，不僅鼻子通暢了，精神尤其大振。我神采飛揚地騎著腳踏車到藥房買藥，好似人生充滿了希望。多年的「鼻蓄膿症」，居然變成只是「過敏」！雖然我一時忘了昨天跪在收音機旁禱告的事，但上帝顯然沒有忘記。

最難忘的醫生

此後我的寶貝鼻子，只是偶而在寒冬清晨起床時，打打噴嚏、擤擤透明的鼻涕而已，生活與情緒已經完全不受影響，日子也開始有了一點彩色。直到數個月後，我患了重感冒，方才再度造訪李醫師。

那是禮拜天的早晨，診所沒有病人。護士小姐說：「醫生去教會做禮拜，妳要不要等一會兒？」等待的時刻，我注意到牆上一大幅複製的油畫——是耶穌被釘十字架前，跪在客西馬尼園禱告的名畫。於是，記憶拉回五歲至八歲間，每個禮拜天到教會上主日學，唱聖詩、聽聖經故事、拿漂亮卡片回家的無憂童年，心中洋溢著溫馨的懷念。

醫生回來了，我興奮地說：「我小時候也信耶穌哩！」醫生慈愛地問我現在爲什麼不再去教會，我回答因沒人帶我，他立即表示要請教會的青少年去邀我。我心滿意足地離開診所。

過幾年，我終於信了耶穌；這一信，至今足足近五十載。又過幾年，我的一位高中同學嫁給李醫師的兒子。小李醫師克紹箕裘，後來還擔任過台大醫院耳鼻喉部主任。

而李醫師一直是我難忘的醫生，因爲他是上帝介紹的。

高中同學

「請問鹿溪在嗎？我是她的高中同學秀秀……。」電話中傳來一陣柔和的女聲。

「哈哈！當然記得妳啦。聽說妳是某國中的英文名師啊？……退休啦？那日子應該過得很愜意囉……。」我的腦子急速倒帶著。

聊了一會兒，秀秀忍不住向我「嗆聲」，抱怨高三那年大家忙著準備大專聯考，我們那幾個坐後排的高個子卻常常大聲聊天（秀秀坐前排，是嬌小玲瓏型）；尤其是我，午休時間還在走廊上和小鈴對唱全本《梁山伯與祝英台》，實在很討厭！（可惜小鈴三十多歲就病逝了。）

「對不起呀！秀秀。原諒我當時不懂事，吵妳念書。」

擅唱西洋歌的小華

畢業四十五年時，由於有熱心同學號召回母校參加校慶，並製作同屆校友通訊錄，才和幾位同學聯絡上。我心中一直記掛著畢業後未曾謀面的小華，通訊錄上並未網羅她的通訊資料，這一回卻由秀秀口中問到了她在美國的電話。原來經常赴美探視兒女的秀秀，說巧眞巧地遇到小華了。

何以特別記掛小華呢？高一時，我考進環境完全陌生的台南女中，加上爲鼻炎所苦，上學期搭車長途通學非常疲累，下學期租屋居住又頗寂寞，整天臭著一張臉不說話。上了高二，由於鼻炎已神奇痊癒（註一），又認識了隔座的小華、小惠、阿珠一幫人，有別於以爭取卓越學業成績爲己任的優等生們，使我日子過得輕鬆多了。

從此，我和小華她們不是放學一起去吃冰，就是月考後一起看電影，或者週末到小華家玩，順便寫功課、聽音樂。反正大家的課業成績都還過得去，到小華家成了我枯燥高中生活的重要點綴。記得小華的爸爸是設計「左營春秋閣」的建築師，家裡寬敞漂亮。

小華擅唱西洋流行歌曲；姊姊已在唸大學，熱愛古典音樂，我就是在她家接觸到古典唱片的。猶記得第一次從「亞洲唱片」的迴旋中，聽到抒情女高音演唱舒伯特的〈聖母頌〉，我的感受不僅是驚豔而已，而是「此曲只應天上有」了。自此我瘋狂愛上古典音樂，除了到小華家聽唱片外，週末的下午，經常硬著頭皮向房東先生借收音機，爲的是要收聽「音樂的花朵」、「星期歌劇院」等迷人的節目。因爲認識小華，開啓了我音樂欣賞的視野。

電話終於打通了。四十五年未謀面的我們，還是輕易地在談話中接軌。腦海中呈現的仍是當年那個鳳眼小嘴瓜子臉的古典美人。由小華口中，知道小惠已是個很會做生意的女強人，阿珠則一直乖乖地當家庭主婦。

「妳呢？還是常常唱西洋流行歌曲嗎？例如最拿手的 *Love You More Than I Can Say*？」我問。

「沒有啦！現在我的專長是製作鳳梨酥給孫子吃，親朋好友也都很讚賞哩！」原來她已育有二兒一女兩外孫了。由十八歲的少女一下子躍爲年逾花甲的祖母，眞是韶光易逝啊！

我沒有忘記在電話中向小華道謝，是她讓我接觸到古典音樂，豐富我的生活直到今天。我也沒有忘記告訴她，我在大四時已受洗成爲基督徒，人生不再空虛搖擺。不知她上過教會否。她說她的婆家是基督徒家庭，她也偶而會跟著先生去做禮拜，只是一直沒有受洗。我鼓勵了她一下，並且抽空郵寄我的譯著《戀戀福爾摩沙》給她。

小華收到書以後，打過一次電話來，說是非常喜歡，還託朋友在台北買幾本送人，可見書中的信息感動了她。但由於小華不會用電腦（這在我們的年齡很正常），打電話計算時差不易，至今也就未再連絡了。而我仍在耐心等待著，等待她某一天會打電話告訴我：「我受洗了耶。」（註二）

和善溫柔的燕子

燕子是影響我高中生活的另一位同學。她有圓圓的笑臉，說起話來輕聲細語，十分溫柔，有別於我們這一批大呼小叫的青春女孩。燕子是高二時轉進來的，好像也是因爲小華的緣故，才和她熟悉起來。記得她家住在中山路，樓下開著空間很大的機車行。有一陣子，我和小華她們常常晚上去找她「做功課」，爲的是享受燕子一家人溫暖的招待。

燕子喪母不久，看得出爸爸和哥哥們非常疼愛她。每次我們這一票「蝗蟲」一到，燕子的大哥馬上騎著摩托車到赤崁樓附近的夜市，買到最好吃的臭豆腐，端來樓上請我們。我在燕子家所體會到的，是基督徒家庭的溫馨，縱使有時小華她們未去，我也會厚著臉皮去她家看書（例如音樂雜誌）。

燕子一家就在附近的「太平境長老教會」做禮拜。那時我已經有十年未去教會了，看到教堂的建築，總是「近鄉情怯」，而燕子似乎也沒有特別邀我去過。但對我而言，燕子是我高中時期難忘的美好基督徒代表。

大約二十多年前，隨夫赴美進修醫學的朋友Sharon，為我捎來燕子的信息。原來Sharon一家初到美國時，受到燕子夫婦熱忱的接待與信仰帶領。我這才和燕子重新連上線，知道她後來嫁給一位牧師的兒子，是有名的學者，經常返台講學。燕子夫婦在美國十分熱心接待留學生，並帶領他們到教會認識主耶穌。Sharon夫婦返台後也陸續受洗歸主了。

我的高中同學中，曾帶給我友誼的滋潤甚至雪中送炭者，不乏其人。畢業後或成就非凡、或家庭美滿者，也不計其數。而小華和燕子，則是影響我最大的兩位。

註：請參閱〈與鼻炎共舞〉一文。

註二：小華果然在二〇一〇年來電告知，她在感恩節受洗。

梅子自殺之謎

梅子是我的高中同學。

皮膚白皙、身材頎長、有一雙溫柔美麗大眼睛的梅子，坐在教室最後一排、我的左後方。她的眉頭老是緊緊深鎖著，似乎是大學聯考壓力之故。畢竟那時大學錄取率不到百分之二十，同學們爲學業自顧不暇，怎會有人關心她呢？

梅子後來考上中部一所私立大學，未料寒假時就聽說她自殺了，原因是失戀。唉！眞可憐。但在民風保守的一九六〇年代，爲事情看不開的例子並不罕見；何況那緊鎖的眉頭，與「自殺」畫上等號，也就不足爲怪了。

悲憫梅子的靈魂

上個月，我去探望多年不見、隨夫由美國回台講學傳福音的燕子。敘舊之餘，她主動提起梅子：

「梅子自殺不是因爲失戀，她一直讀女校，從未交過男朋友。我大學和她同校，邀過她參加學校的基督教團契，她偶爾會來。由於她的遺書寫著要採用基督教的喪禮，所以我們就去幫她辦了一個小小的追思禮拜。在儀式的末了，我公開誠懇地祈禱著：『慈愛的上帝，我們知道祢不喜歡用這樣的方式結束生命，也不知道爲什麼梅子會採取這樣的行動。無論如何，祈求祢饒恕她，接納梅子的靈魂。』

「喪禮辦完後，梅子的媽媽找我談。她媽媽邊流淚邊說：

「『燕子，妳記得嗎？考大學之前，梅子邀妳到我家一起唸書，其實是因爲她讀不下。就像一般人說的，她「犯到鬼」了。課本一拿出來，每個字都是一跳一跳的，沒有辦法看清楚。可是只要妳來陪她唸書，書本上的字就恢復正常，也就可以唸下去了。可能妳不知道吧！』」

燕子接著說：「我到那天才從梅子媽媽口中知道有這回事。也才了解即使像我這麼平凡的基督徒，也能帶給人心中的安寧。那段準備聯考的期間，雖然有人邀她去教會，她時去時不去。後來我也邀她參加大學的團契，她斷斷續續地，一直都沒有眞正信主受洗。她被鬼魅攪擾多時，可能感到生不如死而自殺吧！

「梅子是喝下家中開洗衣店用的強烈洗劑自殺的。她媽媽傷心欲絕，找靈媒來

『牽亡魂』。牽成之後，『梅子』神情落寞地對媽媽說，她不喜歡待在那裡。作媽媽的十分心疼，再度去牽一次亡魂，靈媒告知已經牽不成了，媽媽更加煩惱女兒的去處。所幸當天晚上，夢見女兒穿著美麗的新娘服裝，微笑向她道別。梅子媽媽方才釋然。」

聽完燕子的敘述，我想，燕子數十年來，努力傳福音救人靈魂，應該和憐憫梅子的自殺也有關聯吧！

脫離鬼魅捆綁的阿滿

梅子因被鬼騷擾而痛苦自殺的事，讓我想起另一個女孩子阿滿。

大約在一九七五年，我從學校辭去教職之後，每週家裡有個小小的禱告會，邀請老同事及好朋友參加。有個朋友的妹妹小瓊，來參加一次禱告會後，兩年找不到工作的她，居然一試而中，也就開始熱心信主傳福音。她向我們提到好友阿滿被「鬼壓身」多日，希望帶她來禱告會，讓我們為她趕鬼。我當時年紀尚輕，也無趕鬼經驗，有點遲疑，但經過禱告分辨之後，認為真鬼也罷、假鬼也罷，主耶穌都有辦法；何況團結就是力量，並非我孤軍奮戰，也就同意了。

原來阿滿高商畢業後就得了非常嚴重的心臟病，台大醫院的醫師診斷必須開刀，否則性命難保。阿滿家在萬華，父母教育程度不高，可能經濟狀況也差，何況當時尙無全民健保，所以不願讓女兒開刀，而帶她到廟裡求得符水喝下。不料喝了符水之後，每天晚上都有鬼影壓在她身上，使她難以呼吸。夜夜受此困擾，阿滿身體更差，心情更痛苦了。

臉色蒼黃的阿滿來到我家，由我們幾位姊妹靜靜聽她敘述事情的前因後果。作爲醫生太太的我，難免會懷疑究竟是幻覺，還是病況使她感覺身體被壓。她說該女鬼長得有點像去世多年的姊姊，可是姊姊很疼她，怎會來騷擾她呢？

聽完之後，姊妹們開始一一爲她禱告，祈求主耶穌救她脫離鬼魅的捆綁與疾病的痛苦。最後由我帶領她禱告，使她可以親自開口向主祈求。會後，她啜泣地躲到洗手間大哭一場，方才出來。

我送她一本最簡單的「馬可福音」逐日讀聖經小冊，鼓勵她每天晚上睡前一定要讀一篇，讀不懂時要打電話和已經信主受洗的小瓊討論，而且讀完一定要按照小冊裡的禱告文學習禱告。最重要的，睡前必須祈求主耶穌賜她安眠，不讓任何眞鬼假鬼來騷擾她。萬一半夜鬼仍然出現，不要害怕，只要高喊：「主耶穌救我！」就好了。

可能該鬼不是大鬼而是小鬼吧？當天晚上起，就不再出現了。阿滿也跟著小瓊去參加教會的主日崇拜和青年團契，很快就受洗歸主了，過了好多年平安喜樂的生活。十年後，我才聽說她在教會弟兄姊妹的愛心陪伴下，安息主懷。

一生最大的祝福

原來這世界會有這麼多離譜的事，背後的邪惡勢力不容小覷。所幸慈愛的上帝已經爲我們預備了救贖計畫，就是信靠祂的獨生子耶穌基督。思及於此，只能套用某基督教電視台的廣告：認識耶穌是我一生最大的祝福！

輯二

人生轉捩點

一九六七年最後一夜

一九六七年最後一夜，未料會發生這樣神奇的事……

話說再半年，大學就要畢業了。讀的雖是台灣第一名校，科系也熱門，卻是心虛無比。因爲大專聯考的志願，並非按自己的志趣塡，不知何故，考得太好而「矇」上了文法商組的第一志願。如今學業在不甘不願之下勉強完成，卻不知未來何去何從。若說女生嫁個好丈夫也不錯——男朋友畢業於台大醫科，這在當年可是金飯碗，就當個「先生娘」吧！但男朋友家那兩年發生家變，讓我不知如何應付，心情就是開朗不起來。

前室友美靜來訪

幾天前的某個夜晚，我獨自躺在學校女生宿舍的床鋪上胡思亂想，突然前室友美靜悄悄出現了。美靜已先畢業，考進台灣銀行工作，我們的交情不算密切，何以她會在此料峭的冬夜出現？原來她不辭辛勞前來，為要邀我參加教會的年終佈道晚會。唉！美靜怎會如此熱心？回想當年大一時代，從南部來的幾位室友，都被功課壓力整得七葷八素；鄉下出身的美靜尚有經濟困難，除了省吃儉用之外，還得擠出時間擔任家教。那時的她，瘦瘦小小，臉上只有悲情與鬱悶，毫無笑容可言。

有一天，美靜突然信耶穌了，而且信得很虔誠，禮拜天一定去教會。最大的改變是，她的臉上浮現了喜悅的笑容，也常聽到她洗澡時傳來的歌聲。從此以後，每年十二月三十一日晚上，美靜都要僱計程車載我們這群室友到教會聽佈道會。（其實，步行到教會只需十分鐘而已。）我們由於盛情難卻，年終歲末必循例赴教會「捧場」一次。聽完佈道回寢室後，喜歡論斷的我，總會針對佈道的內容、傳道者的姿勢，模仿並批評指教一番。但美靜並不以為忤；甚至在我大二升大三學業遇到極大挫折時，誠懇地關心我，為我禱告。那年暑假，我轉系成功，嚴重的學業問題因此解決了。想到這裡，加上最近的煩惱實在有點大，因此立即答應了她的佈道會之請。

應邀赴年終佈道會

當晚的講員，據說是位歷史系教授。我坐在偌大禮拜堂的最後一排，仍舊驕傲地對講道的內容毫無感動。說什麼耶穌是上帝的兒子，聖經是上帝的默示，真有其事嗎？後來，有一位「弟兄」和一位「姊妹」上台「作見證」。當他們在敘述與主耶穌之間的互動，以及蒙受主的幫助時，的確有點神奇！然而，真正啓動我內心深處樞紐的，卻是一種羨慕——羨慕何以他們能夠和所謂的上帝建立如此親近的關係？想到自己在童年時代，也曾經歷上帝的醫治，親炙上帝的恩典。但那是太遙遠以前的事了，遙遠得無法與目前變得複雜的我連結起來。

歷史系教授重回講台上，呼召想要信耶穌的聽眾，可以走到台前接受祝福祈禱。我有走上前的衝動，但由於少女的矜持，加上仍舊心存懷疑，所以依然端坐椅子上。散會了，內心有點遺憾，必須回去照樣度日、照樣不認識上帝、照樣不知何去何從。就在正要起身離開時，美靜帶來幾位姊妹將我團團圍住，並請我再坐一會兒，我只得坐下，不知她的用意。

被姊妹們團團圍住

「妳信耶穌了嗎？」一位年長的「沈師母」，微笑安詳地問我。

「小時候信過，現在不信。」我答。

「為什麼不信了呢？」

「雖然想信主，但沒有人能解決我的問題。包括牧師。」我無奈。

「既然是這樣，妳可以直接請教主耶穌，向祂禱告。」

「眞的嗎？」似乎重燃了一絲希望。

正打算告辭離開教會時，沈師母留我下來，說是要為我禱告，我只好勉強坐下；到底在眾目睽睽之下「被禱告」實在不習慣。沈師母開始用那我聽不太懂的河南腔國語禱告起來，不僅如此，每位姊妹還一一輪流開聲祈禱。我很緊張，「輪到我時怎麼辦？」童年去的教會，除了牧師之外，會眾只會默禱，不作興開口。眼前這種狀況，似乎非開口不可了，總不能讓別人痴痴地等。何況，我也眞的有話想說……

第一次開口向上帝祈求

「上帝啊！如果這個世界上眞的有祢存在的話，求祢讓我能夠相信祢。……阿們。」總算勇敢地把心聲講出來了。

很失望，似乎沒有什麼特別的事發生。之前在所謂的「見證集」上讀到的文章，常會提及，一個人迫切向上帝呼求的時候，有時會有全身熱流，甚至雷轟閃電的神蹟發生！我卻只感到一陣尷尬，困窘於連怎麼禱告都不會，好像也忘了說「奉耶穌基督的聖名祈求」之類的屬靈詞句。

事情並未結束。沈師母再度爲我禱告，我還是聽不懂她的禱詞。然而就在同時，莫名奇妙一陣感動，我的眼淚不由自主簌簌地流了下來；竟然足足哭了十分鐘，久久不能自已！腦海裡盡是過去嘲笑美靜等乖順基督徒的情景，一方面感到十分後悔，另方面心靈深處卻享受了「浪子回頭」的歡欣與幸福。終於恢復兒時信主三年的平安喜樂，並且有過之而無不及！那一陣好哭，原來是上帝聖靈的感動與滌淨。

人生的轉捩點

這一夜，是我人生的轉捩點。在不費吹灰之力之下，居然獲得煥然一新的新生命！這豈非所謂的「重生」嗎？過去在教堂內外看過的「標語」，譬如「若有人在基督（耶穌）裡，他就是新造的人，舊事已過，都變成新的了。」終於讓我體驗到了。什麼叫做「得救」、什麼叫做「被釋放」，我也親身領受了。

啊！我不僅與耶穌連上線，也因此找到一直尋之不得的眞理。眞理原來都記在聖經裡面。過去學校老師所訓示的，家中長輩所耳提面命的，還有社會上高舉的價值觀，只要經由聖經過濾，就清晰可見其對錯良窳了。原來不僅眞正有上帝，而且祂的聖靈啓示了歷世歷代多位作者，陸續寫出一本價値觀完全一致的聖經。我不必再從哲學、也不必再從其他的宗教尋尋覓覓了。正如《尋》的作者楊宓貴靈（註）所說的：「世上一切我們認爲最重要的人事物，只要擺在主耶穌之前，便有如燭光之渺小；而當你的生命中有了陽光（主耶穌），燭光就失去作用了。」我的人生方向從此開始篤定，不再無所適從。

至於當時所煩惱的事業與婚姻問題，也在日後開始通達起來。我的童年美夢一一成眞：如願教過書（還都是我想教的科目）、譯過書、主持過廣播節目；雖然嗓子曾因教書太賣力變啞不能唱歌多年，四十五歲以後居然嗓音痊癒，可以天天吟誦詩歌，甚至獨唱獻詩，帶領敬拜讚美。五十五歲後，也開始恢復童年時的最愛——寫作。我的婚姻蒙主引領，終於由渾沌而清晰，建立了充滿上帝恩典的家庭。

終生難忘的一夜

回首前塵，不禁要由衷感謝帶我與耶穌重逢的美靜與沈師母。因爲屬靈的新生命不僅讓我的安全感、成就感與愛心日增，也令我愈來愈明白眞理，人生的道路愈走愈穩固、愈光明。難怪耶穌要如此說：「我就是道路、眞理、生命；若不藉著我，沒有人能到父（天父上帝）那裡去。」誠哉斯言！

一九六七年最後一夜，是我終生難忘的一夜。

註：楊宓貴靈（Isobel Selina Miller Kuhn, 1901-1957）為內地會宣教士，與夫婿楊志英（John Becker Kuhn, 1906-1966）奉獻青春歲月至中國雲南偏遠地區，向傈僳人傳福音。著有《尋》、《我成了一台戲》、《綠葉長青》、《同行二里路》等膾炙人口的作品。

受洗記

二〇〇八年復活節，鄰居綺娟和另一位朋友鄭先生都在教會受洗歸主了。喜訊當前，叫身體微恙多日的我，聞之精神大振，體力急速恢復；也不禁憶起自己的受洗故事。

男友反對

話說一九六七年的最後一夜，我在一場佈道會中接受主耶穌，成爲重生的基督徒之後，便急欲參加次年一月十九日的教會洗禮。領我信主的美靜，已經三度詢問並鼓勵有加，我自己也認爲正式受洗乃美事一樁，於是向男朋友透露；未料他大力反對，教我不知如何是好。反對的理由是：他認爲兩人感情好好的，爲什麼要去「皈依」基督教？二來他見我信主之後，天天快樂似神仙，到底吃錯什麼藥，尙待觀察。三來我心靈另有寄託，對他的大男人自尊心亦是一大打擊。何況他覺得那個教會禱告太大聲，令人坐立難安……。

室友的意見

我的七位室友中，有三位是基督徒。她們也認爲我不必急於受洗，可以等到三、四月復活節時再行考慮，免得徒增男友反感。她們還建議我，換個比較安靜的教會，或許讓他較能接受。聽了室友的建言，覺得甚有道理，於是打算從善如流。反正主耶穌已經知道我要信靠祂了，應該不會在意我何時受洗才對。

突感不安

哪知一月十八日晚上，臨睡前我讀畢《荒漠甘泉》，心中突感不安。怎會如此？信主十幾天來，我過著充實的日子，早晚讀經禱告，信心堅定，生活喜樂。到底不安從何而來？「嗯，也許應該快點受洗才是。」然而，我尚未接受教會規定的「受洗前信仰問答」，怎能參加明晚的洗禮？再者，到這個教會不及二十天，算是人生地不熟，不敢貿然有所要求。時間緊迫，只好禱告尋求上帝的啓示，方才安心入眠。

聖經的答案

次日清晨，我按著讀經次序，閱讀路加福音十二章，讀到50節時，感到十分驚訝！因為在經文中，耶穌說：「我有當受的洗還沒有成就，我是何等地迫切呢？」難道主耶穌要我當晚就受洗嗎？彼時，我不明白耶穌其實是指祂自己要上十字架說的，也不瞭解這句話背後有上帝和魔鬼的屬靈爭戰，只知道上帝要藉著聖經上的話語催促我受洗。初信主而信心單純的我，決意順從。然而還是有點卻步，不敢獨自前往教會；因此祈求主再安排一個人來邀我，也好證明這事乃出於祂的旨意。

聖靈的明證

我平靜地吃起早餐。有人輕敲寢室的門，一位台大醫院的護士小姐出現了。

「啊！她不是教會的姊妹嗎？為什麼會來找我呢？」心想。

問她有什麼事，她很尷尬地說：「我可不可以再問妳一次，妳要不要受洗？」

「當然！」我高高興興地答應了。她馬上帶著我到教會和傳道人談話去。一路上，我問她何以會來找我，她說早晨靈修時，聖靈催逼她邀我報名受洗。她怕被我拒絕，尚且推託今天要值早班，但聖靈啓示她，可以打電話商請值大夜班的同事代班兩小時，同事也答應了，所以她急急步行十分鐘來覆命。聽完姊妹的敘述，我也講了自己這兩天的經歷，兩人不禁因上帝奇妙的帶領方式，心生感謝與敬畏！

受洗前談話

抵達教會後，傳道弟兄問我：「妳確定要受洗嗎？」我點頭。

「妳確定妳得救了嗎？」我再度點頭。

「妳認罪悔改了嗎？」我搖頭。

我不知道自己有什麼罪，可能大學時代讀書不夠用功，可能偶爾爲了保住面子說過一點小謊，如此而已。怎麼需要認罪呢？

但傳道人帶著我一句一句祈求主耶穌赦免我的罪，洗淨我的一切不義，也求主的寶血厚厚遮蓋我時，我都照做了。當時並未預知，這一次正式的認罪，成爲我往後信仰路程中，靈命得以日日更新的基礎。

終於受洗了

一九六八年一月十九日晚上，我終於正式受洗歸主了。這是一場全台北市教會的聯合洗禮，受洗的弟兄姊妹很多，據說近千人。那一幕歡欣而肅穆的景象，令我終生難忘。而之後發生在我家的種種事件，終於讓我明白：對我而言，受洗果然是當務之急。

原先反對我信主的父母親以及男友，後來也都成爲基督徒。男友與我成婚，建立蒙上帝祝福的家庭已四十餘載——主恩滿溢訴說不盡。

禮拜天何處去

自從一九六八年一月十九日受洗歸主後，禮拜天就成了我的最愛。

快樂禮拜天

早晨不必忙著上學的事，可以開開心心到教會做禮拜。由於室友的推薦，我已轉到寇世遠牧師講道的教會聚會。這個教會成員以大學生及知識分子居多，自有一種切慕眞理的氣氛。整場禮拜的過程，對我的心靈都是一種滋潤、一種提升、一種滿足。

當時寇牧師正逢盛年，講道鞭辟入裡，其內容對於渴求眞道的聽眾，不僅是知識的吸引，更是「生命之道」的連結。猶記得「生命之道」就是他一冊冊講道集的書名。每個禮拜天能夠做禮拜，較諸必須汲汲營營於生活或爭逐名利的人而言，我是多麼幸福啊！

魚與熊掌的選擇

但有時總會事與願違。我在台北念大學，禮拜天的行蹤，南部的父母鞭長莫及，用功的男朋友卻深深不以為然——認為應該全天候溫習功課才是正途。若不想念書，也可以去郊遊啊！他知道我十分喜歡到郊外踏青。說也奇怪，這麼忙碌的實習醫師，居然破天荒想到邀我某個禮拜天（應該是三月二十九日青年節）出遊。我有點為難，但不想破壞兩人感情，只好答應。心裡向上帝道歉，表示不得不然，因彼時放棄做禮拜眞是割愛。

所幸三月二十九日的前一晚，男友臨時告知，他必須替同事代班一整天，不能赴約了。我鬆了一口氣，隔天如願上教會。

好景不常；下一個禮拜天，男友再度力邀我參加宿舍同寢室的圓通寺郊遊。我問，圓通寺很近，可否下午才去，這樣我們早上還是可以去教會。男友期期以為不可，說這是寢室的活動，不能隨意改變時間。我只好又向上帝告假。唉！禮拜天若不值班就是窩在圖書館念書的他，近來竟對郊遊產生如此大的興致，莫非想要攔阻我對主耶穌的信心與奉獻？

不過，事情又有了轉折，預定去圓通寺當天，由於他的兩位室友早上有事，所以這次活動就延到下午了。我還是得以高高興興地去教會，下午再赴約。

記得隔週就是復活節，是教會慶祝主耶穌復活的大日子，我非常希望能夠參加自己受洗之後的第一次復活節禮拜。據朋友說，那天的唱詩班陣容十分浩大，歌曲也特別動聽；除了依舊能夠享受聽道的滿足，更能體驗屬靈生命復活的喜悅。我期待著。由於這樣美好的期待，週間所遇到的種種學業和人際關係必須處理的事情，都變得輕省了，日子也過得甚有盼望。

復活節郊遊

不料男友又告知，復活節那天，他們全班要去郊遊，邀我一定參加。他還說，今年的班代表是基督徒，從來不辦郊遊、不辦舞會，只在禮拜六下午邀同學到孤兒院做義工服務。同學們雖然欽佩他的愛心，但也覺得這樣的班代表宛如「聖人」，不見得受歡迎。如今，因為即將從醫學院畢業，「聖人」終於在被逼的情況下，答應禮拜天舉辦郊遊了（那時可無週休二日哩）。他還說，「聖人」是虔誠的基督徒，禮拜天都可以去郊遊，何況妳這初信者呢？就不用太堅持了吧！

復活節清晨，我提早一小時起床，帶著聖經、詩歌本走到女生宿舍空無一人的燙衣室，決定自己一個人「做禮拜」。我盡情地唱詩歌，安靜地禱告，存著渴慕的心讀聖經，書寫心得筆記。「禮拜」畢，發現屋外居然下起傾盆大雨，大到我準備好要出門、走過宿舍中庭時，都需要脫下鞋子涉水而過。這雨來得奇怪；前兩天是大晴天，何況昨晚才跟室友們討論過，禮拜天的天氣總是比較好。一位鄉下牧師的女兒小文，尚且斬釘截鐵地說：「那是上帝要方便窮人去做禮拜。」言猶在耳，何以毫無預警地下起這場大雨呢？

男朋友準時出現在女生宿舍的傳達室等我。我看到他鞋子濕了，衣服外套遍灑雨點的痕跡，雖有雨傘也擋不住。有潔癖的男友不惜冒雨參加郊遊，到底所爲何來？他想爭取的是什麼呢？因爲擔心鞋子弄濕弄髒，他平常下雨天是不愛出門的。

奇妙的結局

我們兩人冒著滂沱大雨到火車站前的公車站牌等候同學。當然，只有「聖人」班代表和我們在雨中枯候。半小時後，確定沒有人會在這種天氣出門郊遊了。於是「聖人」宣布：「我們去做禮拜吧！」此時雨勢方才轉弱。

到了教會，離正式禮拜還有半小時之久，班代表正好趕得及參加復活節獻詩的預演，這下我們才知道，原來他還是唱詩班的指揮哩！怪不得上帝要降下這場及時雨，成全「聖人」的要務！

從那天開始，男友就表示他向上帝「投降」了，禮拜天上午絕對不再杯葛我去做禮拜。更感恩的是，過了五年，他也心甘情願地加入做禮拜的行列，而且，至今不渝。

第一份工作

「來來來，來台大；去去去，去美國」是當年許多大學生的目標。我沒有出國的計畫，又因畢業半年前已成爲基督徒，於是開始在禱告中，和上帝商量找工作的事。

心中不斷湧起「教書」的念頭。可不是？從小沒有別的本事，說到讀書和教書（小學在班上老當小老師，大學擔任英語家教），可是難不倒我。兒時寫作文「我的志願」——就是老師和作家。

然而大專聯考時，分數太好，考上父母的第一志願台大商學系會計組；讀不下去又轉了經濟系，無法選擇自己的第一志願外文系。既然大學的主修——經濟、統計、會計……，非我所擅長，如果能夠到中學教自己喜愛的英文，豈不是美夢成眞嗎？

英語教書夢

問題來了。時爲一九六八年，政府匆促施行九年國教，難考的初中變成人人可讀的國中。至於教師資格，如果想教英文，就必須是大學本科系畢業生，暑假還要去修習「教育學分」。這本來合情合理，但對我的「英語教書夢」，反而成了一大障礙。

我只好先在台北應徵一份貿易公司總經理英文祕書的工作（大三暑假曾受過英文女祕書訓練）。但因南部父母對我獨自在台北的花花世界生活不甚放心，要我南下住家裡，並且建議我到一家外商電子公司任職。我順從了。

上班一個月後，母親看我不甚喜樂，這才問我：「妳是不是還想要教書？」

我點頭。

「那我請妳爸爸明天到市政府一趟，看看有沒有熟人可以幫忙。」

我爲這樣的轉折大大感恩。但是心中仍有兩項疑慮：第一是，所有新任教師，都已經去修暑期教育學分，我沒有教育學分，可以嗎？另外，我是台大經濟系畢業，能被允許教英文嗎？我對爸爸說：「我想教英文。」這也是我向上帝求印證的禱告。

上帝的巧妙安排

第二天早晨，爸爸到市政府去「碰運氣」。步上台階之時，迎面走來一位貌似熟悉的先生，正要下階梯。兩個人愣了一下，竟然發現對方是二十年未謀面的老同學！

「好久不見了，眞巧！怎麼會在這裡遇到你？你不是去日本發展了嗎？」爸爸問。

「是啊！市長是我的老朋友，他一就任，就要我回國幫忙，擔任他的機要祕書，否則也不會回台灣啊。」

「那太好了，我正想看看有沒有熟人可以為我女兒介紹教書的工作哩！」爸爸喜出望外。

「沒有問題，包在我身上。」他聽完我的現況，表示有把握。

「可是我這女兒很固執，喜歡教書，又要教英文。」

就這樣，經過上帝的巧妙安排（相差一分鐘，爸爸就和機要祕書擦身而過），我如願得到一份在某知名國中教英文的工作。我歡喜接受，這是我的第一份教書工作，雖然校長幫我排了英文、國文、公民三個科目，但都是我所擅長又喜歡的，也就不在意。我寧願教書，也不想留在原公司升組長，管理五百名女工。雖然是靠爸爸的「關係」得以任教，但我清楚是靠上帝的「關係」！

模範英文教師

第一屆的國中學生，像是烏合之眾。之前初中時代的國英數理名師，突然英雄無用武之地。老師們哀嘆學生良莠不齊，程度相差太大，不知如何教起。我還親眼看到一位數學男老師，坐在講桌旁，乾脆任由學生們或自習或打鬧。也因國中學生暴增，有一些學歷不足藉機進入教學系統的老師們，誤人子弟。

而我非常地認眞教學，雖然當時尚未修教育學分，班上成績卻是全年級之冠；初三那兩班英文課學生考高中成績更是出類拔萃，令校長刮目相看；連督學都建議選我爲模範教師（因打聽到我免費爲程度差的學生課後輔導）。也因爲太過賣力，一年下來，我的聲帶慢性發炎，直到二十年後始痊癒。

校長想要爲他英文成績老不及格的女兒找一位好老師，能夠救她一把。他說：「X老師，妳可不可以晚一年再上台北結婚？下年度，只要妳教我女兒那一班的英文，其他班級任妳挑，而且完全讓妳教英文。」

我想，反正我不急著結婚，加上可以挑班級、挑科目，當然樂意留下來。校長高興地說：「台北市十幾家國中，每一位校長我都熟。等我女兒考完高中，一定介紹妳去任教。」

我感謝校長，也就安心再留該校服務一年。雖然後來校長因故並未實踐諾言，但我深知未來的工作前途，仍舊在上帝手中，因此並未失望。何況，婚後北上的第一份工作仍舊是教英文！此是後話。

後記：四十多年前的往事，歷歷如繪。十多年前，有當年的學生透過網路聯絡到我，在南部開同學會與我相聚，我是他們唯一有聯絡的老師。學生們早就各自成家立業，有所成就。除了很高興她們記得我外，有三位本來不是基督徒的學生告訴我：「老師，我信主了。」是我最欣慰的事。

工作總會來敲門

唸初中時，曾在《拾穗》雜誌讀到一篇翻譯文章，題目叫〈天降一文〉。作者是二十世紀美國出版業巨擘，早年隨父母移民到美國討生活，十分窮困。有一天，他身無分文，不能如願買張明信片應徵印刷廠工人的職位，焦急之餘，一面走路、一面禱告，期望上帝能幫他想個辦法；沒料到竟然在路上撿到一文錢，當時足夠買張明信片！找到工作後，他勤奮認真，受到賞識提拔，日後大大地成功，因而寫下這篇感恩的回憶。

遲來的錄取通知

「X老師，妳眞的很適合去DH中學教書耶！」

從台北來的陳老師，大概是看我認眞教學，一副「拼命三娘」的樣子，恨不得學生各個成材，所以下了這個斷語。她說DH中學在台北，是家私立初中，許多學生都是資優生考進來的，程度很高，與一般國中生不可同日而語。聽到這個好消息，我也就躍躍欲試。

說巧眞巧，隔幾天就在報上看到該校招考英文老師的廣告。我也不管它要求的是外文系畢業的條件，就將履歷寄了去，結果如石沉大海。更巧的是，不久當時任職台大醫院的未婚夫，居然在醫院遇見十年未謀面的李姓高中同學，他和妻子正是DH中學的英文名師（兩人都是師大英語系畢業）！一陣寒暄之後，他問未婚夫：

「你結婚了嗎？」

知道未婚夫期盼我到台北找教書工作，李老師馬上熱心表示，他正要去美國留學，因此學校有一英文老師缺額，可以推薦我去應考。（那不是我寄履歷表去而石沉大海的職位嗎？）

五月中，我信心滿滿地北上，在校長及全校英文老師之前示範教學。總覺得自己雖然有一點緊張，但因著兩年的教學經驗，表現應該不錯吧！然而結果並未被錄取。錄取的是一位甫自台大外文系畢業的小姐。唉！我是第二名，又是因爲主修「非相關科系」之故。但我也有心理準備，並未太大失望。

六月底的婚禮辦完，七月初北上組織小家庭。經過整整兩年沒有寒暑假、一週四十四小時的教學生活（須帶升學班輔導課），如今聲帶和精神都可以放鬆一下，也就不去擔心工作的問題。我知道上帝總不會虧待我。

直到暑假即將結束，有一天，先生從醫院下班回來，手上拿著一封信，很興奮地說：

「DH中學要妳去上班了！」

原來那位被錄取的台大外文系畢業生，申請到獎學金而赴美留學去了。開學在即，教務處找不到我的資料，由李老師口中知道外子的姓名及服務單位，於是將錄取信件直接寄往台大醫院。先生從來沒有去收發室看過信，當天不知何故，福至心靈進去逛逛，居然看到這份通知函！

見外子喜不自勝的樣子，才知道他的經濟壓力有多大，需要我有這份工作。只是身為大男人，不便說出口。至於我，只能再度大大地感謝上帝！

珍貴的「鐵飯碗」

過了兩年，先生轉換工作跑道，赴馬偕醫院任職，要我搬家到士林。我也就乖乖地辭職，乖乖地搬家。反正找工作的事，一向很順利，也就不擔心。

這時，家裡已經多了個一歲多的女兒。由於經濟狀況稍有好轉，雖然已經努力了一個多月找工作而毫無下文，也就決定如此向上帝禱告：

「親愛的主，如果祢的意思是要我在家專心相夫教子，不再出去上班，我也願意順服。但是，如果我去教書，能夠幫助更多學生認識主耶穌，成爲祢的兒女，更加有益社會，榮神益人，就祈求主爲我安排。」

學校開學在即，家母北上探望小孫女時，知我已經遞了履歷表到XX高商校長手中，但毫無應聘跡象，於是責備我：

「妳太傻了，找工作靠禱告有用嗎？要嘛就是要有人事關係，要嘛就是要送錢。」送錢賄賂絕對不是我們家的做法，那麼人事關係從何而來呢？我也毫無概念。

鄰居一位XX高商的女老師，表示這位校長聘用教師的原則，除了他自己的親朋好友學生之外，一定要有「黨政關係」。的確，在威權時代，公立學校的人事必然如此。但我又何來黨政關係呢？

有一天，該女老師帶著孩子經過我家門口，正巧被來訪的家母「逮到」；知道彼此是同鄉後，請她入屋坐坐。只見原來陌生的兩人聊啊聊的，居然發現提拔過XX高商校長的前任校長，是我的遠房叔公！於是乎，家母急電住在南部的家父，要他帶著我的履歷，連夜趕到鄉下拜訪早已退休的叔公。叔公立即寫了一封限時信直寄ＸＸ高商。

就這樣，和當初的ＤＨ中學一樣，我在開學前一週收到聘書。至於這次爲什麼又有老師出缺呢？原來是夜間部一位英文老師，不知犯了什麼差錯，臨時被撤職；我就適時補了他的缺。

然而，從來沒想過會去教夜間部，有點不習慣。學生大多半工半讀，年紀也較長，男生更是油條。上課時，學校的環境似乎也較嘈雜。最重要的是，下班回家，先生孩子都已入眠；早上起床，先生已去上班，與家人缺乏相處的時間。我覺得長此以往，不是辦法，所以很想轉到日間部。有可能嗎？請示校長，他說下學期再安排吧！但隔天有同事告訴我，一位男老師急於調到夜間部，或許我們兩人可以一同去拜託校長，讓我們互調。

經過迫切地禱告，我與該男老師同去見校長，校長居然答應了。此時學校開學已經兩週。我在該校順利任教三年後，爲了專心養兒育女，方才奉「夫」之命，辭去這別人認爲珍貴的「鐵飯碗」。

上帝總不會虧待

先生的同事陳醫師，有一次在電話中羨慕地問我：「爲什麼妳找事總是那麼容易？我太太也是老師出身，來台北好幾年就是沒辦法找到工作。」

「我自己也沒辦法，總是靠禱告，主耶穌就幫助我啊。」

「唉呀，如果我太太找到工作，那我也來信耶穌好了。」他半嘲諷地說。

其實，我之所以對於找工作的事頗有信心，跟大學將畢業時，聽了一場校園團契輔導范大陵先生的演講有關。他說大學畢業後，好不容易擠進鐵路局作個小職員；雖然覺得「虎落平陽」，但仍勤奮工作，對於不誠實的油水，也一介不取，以致在同事間聲名大噪。不久受到正派的高層擢升，職位一次跳了好幾級，直接躍爲交通部長的機要祕書。

結論是：上帝不會虧待祂的孩子，工作總會來敲門！

上帝藉詩篇九一篇向我說話

自從我大四悔改信耶穌之後，舉凡學業、工作、人際關係等，似乎都無往不利。畢業後即奉父母之命訂婚，我除了等候未婚夫早日信主之外，應該可以過著幸福快樂的日子吧？然而，上帝並不樂見祂的兒女成爲溫室的花朵，總要藉著環境與遭遇，幫助我成長……。

未婚夫的一封信

到國中教書不到一年，忽然接到在金門服預官役的未婚夫來信。他再度提起，之前有訟棍團體勾結司法黃牛覬覦他家土地，致使父親纏訟多年卻仍然敗訴的忿忿不平。何況不久前，我的未來公公因此抑鬱而終！如今審判定讞，他家即將失去辛勞一生方才擁有的薄田與房產，法院查封聲聲催；身爲長子的他，想到寡母與六個學業未成、經濟亦難獨立的弟妹，委實前途茫茫、壓力難當。他在信中質問我這個信主資歷尚淺的基督徒：「如果眞有上帝，何以容許如此不公平的事發生？惡人沒有遭惡報，反倒是善人無辜被欺？」

我不知如何作答

我不知如何作答，只能回一封安慰信給他，告訴他：「上帝未曾應許天色常藍。」其實自己也沒有把握，害怕婚前養尊處優的我，婚後如何承擔這樣悽涼的局面？也開始懷疑，信主前日子過得好好的，信主後爲何要遭此晴天霹靂？信主前娘家社經地位尚可，信主後爲何須嫁入慘遭不幸的夫家？我有點像當年離開埃及的以色列百姓，在曠野遇到困難立即失去信心，反而懷念起過去在埃及雖爲奴隸、卻仍有肉吃的日子。除了讀書教書之外，毫無其他社會閱歷的我，眞不知該怎麼辦！所幸在祈禱後，想到一條路——參加校園畢業生團契的禱告會，尋求支援。

初次參加禱告會

這是我第一次參加正式的禱告聚會。那一夜，戰戰兢兢地向主內的朋友們訴說著煩惱時，我的眼淚不由自主流了下來。姊妹們陪著我流淚。安靜片刻後，有弟兄呼籲大家跪在榻榻米裁成的「禱告墊」上，祈求主耶穌爲我賜下恩典。他們的禱告聲何等地迫切，令我感動莫名，也令我心頭的重擔全然卸下。聚會結束，我終於能夠帶著平安的心情返家。

上帝賜我答案

次晨起床後，按照既定的次序讀聖經，映入眼簾的是詩篇九一篇。我靜靜地咀嚼其中優美的詩句；讀著讀著，未料會出現我所需要的答案！首先是8節：「你惟親眼觀看，見惡人遭報。」令我驚訝萬分。接著在14節，上帝說：「因為他專心愛我，我就要搭救他；因為他知道我的名，我要把他安置在高處。」這兩句經文讓我疑慮盡消！啊，聖經不僅有放諸四海而皆準的眞理（*logos*），也有聖靈對我的個人啓示（*rhema*）！當天迫不及待地將這寶貴的應許，寫信告訴愁雲慘霧中的未婚夫。

惡人果然遭報

尚未信主的他，當然半信半疑。但不可思議的事半年之內發生了——爲首陷害公公的兩個訟棍，居然在四、五十歲的青壯之年，突然去世！一個車禍，一個急症驟逝。我不敢幸災樂禍，只能存敬畏的心，感謝上帝的憐憫。他們的同夥也因而不敢造次，沒有立刻強取法院判決的房產。村民認爲是冤死的公公顯靈報復，而我確知是上帝伸出公義的手幫助我們。後來，婆婆和小姑、小叔們得以不受干擾地安居十四年。直到家人都已自立，對方才託人提出和解的要求；婆婆也就順勢遷離了傷心地。

穩行在高處

當年上帝藉詩篇九一篇向我說話，拯救婆家脫離困境。婚後丈夫也因親自經歷種種神蹟，被上帝陶塑成德術兼備的基督徒醫生；到如今他依舊視醫療爲事奉上帝的天職，盡心診治病患和栽培後進。至於我，聖經已成爲我生命旅程的羅盤——讓我永遠「穩行在高處」！

後記：聖經常常解決我生活中遇見的大小問題，只是這一段尤其刻骨銘心。我想起倪柝聲弟兄所寫的歌詞：「每次的打擊，都是真利益」〈煉我愈精〉；也明白必須經過「流淚谷」，人生方能走得更有力量（詩篇八四篇）。

丈夫生病時

丈夫第一次生較嚴重的病時（進出醫院約半年），我才二十六歲——婚後一年，信主三載。

一開始眞是初生之犢不怕虎，認爲有上帝作靠山，何懼之有？只是時間拖久了，壓力不免變大。丈夫有一天虛弱地躺在病床上交代：「如果轉爲尿毒症需要洗腎，就放棄吧！」也難怪他這麼說；當年沒有全民健保，洗腎一次的費用，等於我們兩人月薪的總和，也等於他存款的數目。何況家有寡母及經濟尙未獨立的弟妹……

哀的美敦書

我是他所謂「不懂醫學的人」（唉，我又不是醫護人員）；他覺得信仰只能有助於心靈的平安，不能醫治肉體。我的想法自是與他不同，認爲既然之前已向上帝禱告求過醫治，也在台灣最具公信力的教學醫院接受診治，而前途仍舊茫茫，不知何日才能痊癒，所以決定向上帝發出「哀的美敦書」（ultimatum）。猶記得內容如下：

「主啊！我把先生交在祢手中。祢知道他經不起長時間病痛的折磨，所以我祈求慈愛的上帝速速醫治他，挪去他身心的痛苦！如果祢非要奪去他的性命，我也只好順服，但請務必讓他靈魂快快得救，眞正信主，平安到祢那裡去。不過，若是他恢復健康，對這社會能有所幫助、有所貢獻，祢何不醫治他呢？」

痊癒在望

這樣豁出去之後，我的壓力減輕不少；甚至在靈修讀聖經時，看到「這病不至於死，乃是為上帝的榮耀」之應許。更奇妙的是，在幾乎醫療罔效的情況下，某天下午牧師來醫院探訪禱告，居然發生丈夫突然退燒的「神蹟」！我們夫妻倆喜出望外，信心大增。丈夫也開始相信，上帝說不定眞能醫治肉體的疾病！我也就安心等候他的康復。

幾天後，憂心忡忡的婆婆由南部北上來探視兒子。她見外子神色好多且未有發燒，忙問原因，我高興告以祈禱退燒之事。婆婆本是遵奉民間信仰的「拜拜」者，聽後並無特別反應，我只有請求她不必去再爲外子求神拜佛，她也應允。兩天後，我送婆婆到台北火車站，讓她搭車南返。

禁食禱告

從火車站回到台大醫院，大約午後一點鐘。只見丈夫躺在病床上長吁短嘆，我忙問緣故。他說：「我想，連上帝也沒辦法醫治我了！」原來幾天前神奇退掉的熱度，又重新回來了。還不太認識上帝的他，怎能不大失所望呢？但我感覺這燒來得奇怪，與過去每次的發燒不同，立刻決定先不忙吃午餐，禁食禱告！

丈夫見我拉起隔開病床和沙發的簾子，便問：

「妳要做什麼？」

「我要禱告到你退燒。」似乎胸有成竹。

「如果燒不退呢？」丈夫的眼眶紅了。

「那就要弄清楚爲什麼。」

口袋玄機

我獨自跪在小小空間的沙發前，虔誠向主耶穌祈禱求問。不多久，有個清楚的意念進入心中：「去翻翻他的襯衫口袋！」「爲什麼？」我納悶。丈夫進出醫院數次，住院穿病服，回家休養穿睡衣；襯衫掛在衣櫃已有一段時間，口袋早就空空如也，難不成還另有玄機？我順從禱告後的感動，將襯衫取出。

一塊廟裏求來的紅色布符，赫然出現在白襯衫口袋中！我呆了一下，馬上瞭解了。是婆婆愛子心切，求符爲兒子保平安，但她知道我是基督徒而向我隱瞞。

我向丈夫解釋，我們已經向眞神耶穌禱告得了醫治，就不要再乞靈於其他假神了，這是得罪主的事；那一塊小小的紅布，本來不算什麼，但經過人的敬拜，就有可能帶來邪靈的騷擾！我將得自吳勇長老的屬靈知識全盤說出。

爭戰得勝

丈夫是孝子，十分爲難，因我執意要將那一塊符，丟到醫院的垃圾焚燒場。我耐心解釋，婆婆是好意，我不是反對她，而是知道放這塊符在身上，燒一定退不了，病也好不了。丈夫的表情顯出他內心的掙扎，但終於同意讓我丟棄這塊小小的紅布符。

離開垃圾焚燒場後，我明白問題已經解決。一路上感覺雲淡風輕，腳步輕快。黃昏時刻，果然燒全退了；那乘虛而入的病魔，也就消失無蹤！

這場大病，不僅是我們夫妻倆對上帝信心的里程碑；殊堪稱慰的是，因此造就丈夫成爲一位仁心仁術的好醫生，對社會有幫助、有貢獻——不虛此生。

後記：婆婆享百歲高壽，離世前於病床受洗。感謝上帝！

生男祕方

下班回家，聽見先生著急地宣布：「妳必須生一個男孩！」怎麼會？女兒都已六歲，夫妻倆從未討論過，要不要有第二個寶寶……。

「媽媽說的。」原來是婆婆的命令。

我猶豫起來。好不容易先生身體恢復健康，回醫院工作了好一陣子。女兒也馬上要上小學，我可以輕鬆些了。如今奉長輩之命，被賦予傳宗接代的使命，眞不知如何是好。

「我每天教書很累，身體又衰弱。」找到藉口了。

「那就辭職。」先生認爲很簡單。

預備懷孕

先解決第一個問題吧！要不要辭職呢？無人可商量，只好禱告問上帝。想起從美國回台任教「婚姻輔導」的高牧師夫婦，我決定請教他們。他們認為，以我家的情況，最好是辭職，但決定權還是在我自己。正好我的教書工作遇到瓶頸（教育局下令，由英文科改教商科），也就決定順勢辭職。雖然校長善意挽留，我也不戀棧了。

第二問題是：如何生個男孩？在重男輕女的時代，為了求子而連生四千金甚至十千金的事亦有所聞，那會是我的命運嗎？熱心的朋友提供「清宮祕方」，令我啼笑皆非，難不成將我看成需要討好皇帝的嬪妃？另有朋友介紹某婦產科醫師的科學生男藥方，但據說效果也只有三分之二。加上當時我小病叢生，重感冒整月不癒，擔心不能生個健康的孩子。就這樣混混沌沌地，開始懷疑自己的決定是否正確，時為一九七六年初。

一月五日清晨六時，我從睡夢中醒來，因腦筋特別清晰，也就披衣起床。心想難得全家都尚睡得香甜，周遭如此安靜，正好能夠將我心中的疑慮與擔憂，好好地求問上帝一番。我的禱告重點是：第一，是否需要用到朋友推薦的科學與不科學方式來懷孕；第二，何時懷孕是最佳時機。當我提出這兩個問題之後，距離先生、小孩起床的時間尚有半小時，因此決定開始閱讀聖經。

應許生子

我隨手翻到上次的進度，知道按著順序，今天要讀羅馬書第九章。那應該是保羅在敘述「因信稱義」的大道理吧！沒想到讀著讀著，居然出現一段特別的經文：「這就是說，肉身所生的兒女不是上帝的兒女，惟獨那應許的兒女才算是後裔。因為所應許的話是這樣說：『到明年這時候我要來，撒拉必生一個兒子。』」（羅馬書九章8～9節）

這段話本來是上帝應許不孕的撒拉，次年會生一個兒子的預言；然而那天早上，卻成了祂對我的答覆。聖靈豈不是清楚地告訴我，叫我不要用人爲的方式去求子，因爲上帝已經應許我明年此時，就會賜我一個兒子了嗎？

先生起床了。我告訴他今晨讀經禱告的收穫。他半信半疑，因他未看到結果，怎能相信呢？我不知哪來的信心，一早就向女兒的幼稚園老師發布此好消息；晚上還到教會的婦女團契公開講述此見證，與會者嘖嘖稱奇，反應激烈。

由於幼稚園老師的傳播效果，所有的老師和家長，包括整條巷子的鄰居，加上她所服事的大教會，都知道明年上帝會賜我一個兒子了。當時我尚未懷孕，縱使日後懷孕，也無羊膜穿刺或超音波可供印證。有人認爲，我可能是走火入魔，想生兒子想瘋了；但也有學生稱讚我爲「信心之母」，實在不敢當。

確有神蹟

果然幾個月後我懷孕了，預產期正是隔年的一月初！一九七七年一月二日（禮拜天）早晨，我知道自己已有即將生產的跡象，趕緊打電話向教會牧師請假，並請代禱，再由先生陪同赴醫院待產。當天是假日，先生才能夠全程參與，讓我不得不感謝上帝安排了最好的時機。

下午進入產房時，先生對一旁的護士小姐說：「我太太說她的上帝要賜給她一個兒子。」

原來那時先生心目的上帝，仍舊是通過理性與道德才能接受的上帝。

爲我接生的婦產科主任藍大夫來了。當他宣布寶寶的頭已經出現時，我過去一年的信心突然崩盤；擔心如果生出來是女孩子，我丟臉、先生失望、上帝之名受嘲笑，怎麼辦？

所幸此時心中浮起一句禱告：「主啊，『我信！但我信不足，求主幫助。』」（馬可福音九章24節）

藍大夫大聲宣布：「恭喜，是男孩子。」

我鬆了一口氣，心中溢滿感恩與敬畏之情。只見先生笑瞇瞇地，容光煥發，喜不自勝。

坐月子期間，先生自動自發，再忙也要去做禮拜。雖然他對此事未發言，但我知道他終於開始相信有神蹟了。

坐月子

華人婦女都知道坐月子是怎麼一回事。

一定要坐月子

女性在生產過後，用一個月的時間在家休息，補充營養、不做家事，以便專心哺育嬰兒。如此不僅能給予嬰兒足夠的母愛，建立親子關係，也能讓自己產後恢復健康的身心。

傳統的說法以及實際的例子，的確證明好好坐過月子之後，有些媽媽身體反而比以前更健康了；而產後未能善加休息補給營養者，可能會帶來頭痛、腰痠、關節痛……等問題。觀之實例，似乎頗有道理。好朋友Ken的美籍太太Lillian，住台灣幾年，育有三個可愛的孩子，她就認為應該將坐月子的觀念輸出美國。

我的坐月子經驗

我二十六歲生第一胎，由於女兒是長孫女，母親很興奮地運來三十隻番鴨來為我坐月子，還帶來她的年輕女傭阿春供我差使；說是等坐完月子，我恢復上班教書之後，可以讓阿春繼續幫忙。由於教書的學校離家步行只要五分鐘，隨時可以回家探望女兒，我也就高興地接受這樣美好的安排。

可能因為年輕，也因為月子裡吃得好，滿月後我高高興興、健健康康地回去教書。不料母親卻因故不能再讓我僱用阿春，決定把孫女兒帶回南部照顧。我因產假已滿，不能另作打算，只好依依不捨又無奈地把女兒交給母親。這中間的思念，讓我心生虧欠，但因無法辭職親自照顧孩子，只好等到女兒一歲兩個月，方才把她帶回台北。母女感情的建立也費了很多年的工夫。

生老二（兒子）前，我已經三十二歲，體力不如前；又由於家庭經濟改善，先生便要求我辭職在家專心養兒育女。我經過禱告求問上帝，並請教一對專攻婚姻輔導的牧師夫婦，他們認為以我家先生忙碌辛苦的醫療工作看來，我應該辭掉外面的工作，我也就順服了。雖然心裡有點小小的不甘，認為沒有自己的事業與成就，但後來發現家庭和事業難兩全時，夫妻同心是最重要的。

保姆阿秋要離職

我們僱了一個名叫阿秋的二十四歲女孩，從彰化來住我家幫忙。我坐月子時，她白天做家事，身手俐落，晚上還願意陪嬰兒在同一個房間睡覺，讓我夜間得到充分的睡眠，也完全沒有吵到白天已經很勞累的先生。

產後半個月，內心正洋溢著對上帝的感謝之時，阿秋突然表示她不做了。原來她打算在我家做一段時間的，這時卻不知何故急於離開，還是阿秋的養母勸她待到坐完月子才走。我感到憂心，孩子滿月以後，以我家的狀況，仍舊需要幫手，怎麼辦呢？

特地請假來陪我坐月子的妹妹莉，終於從阿秋口中問出原因。原來阿秋對祖父很孝順，有一次祖父生病，她到廟裡爲祖父拜拜，並發願若祖父病好，要終生認這個廟裡的神明爲父，所以初一、十五都會到廟裡去。來到我家的某個晚上，她夜裡夢見該神明責備她，說她未經過同意，就自行到台北工作。阿秋很害怕，打算回鄉繼續到工廠作女工。

我和莉知道原委後，向她傳福音，勸她不要怕。我們也爲她迫切禱告，祈求全能慈愛的上帝助她心情不受騷擾，夜晚不做同樣的惡夢。

倚靠上帝或倚靠保姆

那幾天，我讀聖經讀到：「倚靠耶和華的人好像錫安山，永不動搖」（詩篇一二五篇1節），以致煩惱盡消。我檢討自己，可能在家務上倚靠阿秋太多，聽說她要走，便內心惶惶然。如今經由聖經的提醒，知道應該完全倚靠的是愛我、救我的上帝。心情一轉，也就不擔心滿月以後的問題了。

阿秋果然沒有再做惡夢。也由於她和小兒建立了感情，不再提出回家的要求。阿秋非常疼愛我的兒子，在我家幫忙到一年半後，她結婚的那一天爲止。三十年後，她還帶著小兒當年的照片，到他的婚宴炫示哩！

坐月子的管道

如今坐月子的管道很多，有人請年輕能幹的婆婆或媽媽幫忙，也有僱專人或外籍看護在家照顧，還可利用上下班到府坐月子的服務。找不到合適的幫手或家中不喜歡有外人者，可以上網選擇訂月子餐送到家裡。若希望休息得更徹底，還可住在提供產婦食宿的月子中心，親自哺育嬰兒即可，但費用就較昂貴了。

不知道外縣市如何，但台北市的產婦有福了。只要兩夫妻事先溝通好，善加安排，如何坐月子就不是問題了。坐完月子後的養兒育女，才是大學問哩！

氣喘三年

兒子從兩歲到五歲，患嚴重氣喘的那三年，我夜夜陪伴，從未一覺到天亮，也因此三十多歲就早生華髮。

氣喘求醫

幸而不必奔波求醫，孩子的爸爸就是醫生，不但是小兒科醫生，還是教學醫院的小兒科主任。這回作爸爸的可麻煩了。看病頗有自信的他，專長從一般兒科、新生兒科、小兒腎臟病到小兒感染症……，就是刻意避開與過敏體質有關的氣喘。據他說，過敏體質是天生的，治療起來不容易「立竿見影」，這種病人就轉給有興趣研究的醫生吧！如今自己的兒子找上門來，不克拒絕，只好發揮一向的奮鬥精神，讀遍報告、請教專家、認眞研究，回家還要面對我這「最囉嗦的病患家長」，眞是苦也。

兒子笑也喘、跳也喘、吃蛋也喘、喝牛奶也喘、感冒時更喘……，弄得我緊張兮兮，防不勝防，忙著四處打聽吃什麼最「補」。到醫院去，吃藥必吐，打針必因哭鬧斷針而打不成；好不容易哭累在媽媽懷裡睡著，趁機放入氧氣罩助其呼吸順暢，卻不到一分鐘就大哭醒來了。當時尚無防治氣喘的噴劑，急性發作時，類固醇的使用也不普遍，何況對於「拒絕治療」的小兒，我唯一能做且最有用的就是抱著他向上帝呼求禱告。

氣喘原因

「爲什麼會氣喘啊？」我問先生。

「體質、外在環境還有情緒吧。過敏體質的孩子，從嬰兒濕疹、幼兒氣喘到青春期鼻炎都可能。妳以前不是有過敏性鼻炎嗎？」

「你的意思是因爲我的遺傳啊？還是我懷孕時重感冒，咳嗽五個月引起的？」說著自己感到又虧欠又委屈。先生是好醫生，可沒時間餘力照顧懷孕的妻子。

「好啦，別擔心。改變一下飲食，家裡不要使用會有塵蟎的棉被、窗簾、地毯，遠離貓狗及毛絨玩具。大一點時夏天帶他去學游泳……慢慢會好的。」

「會斷根嗎？」腦海浮起一個臉色蒼白，因氣喘發作常請假不來上課的女孩臉龐，那是我教國中時的學生。

「會啊，只要繼續預防及治療。若不治療，變爲成人氣喘才痲煩。」腦海中又浮起一位四十歲就因天冷氣喘發作，客死異鄉的某作家。

耐心禱告

我只能天天向主求一件事，就是孩子必須在上小學以前痊癒。有時看到別家健壯的幼兒，不論天寒或刮風下雨，都可在外東奔西跑；想到自己的兒子活動範圍經常是家裡，出外則如臨大敵，全身包裹，心情就不免百味雜陳。偏偏又有兩位惡鄰，對著我發出訕笑之語：

「自己的爸爸是醫生，怎麼養得那麼瘦啊？」

我也只能忍耐。

兒子五歲時，已經肯吃藥了，遇氣喘發作也就能得到控制。某天夜裡，一位長輩來訪，背著我偷偷餵兒子服下某種粉狀成藥。不料孩子半夜醒來，因身體不適而嚎啕大哭，我趕緊起床安撫。他不僅吐了我一身，也弄髒整條防蟎的棉被。孩子全身發抖，體溫冰涼，但我不敢吵醒每天辛苦工作的先生，只有自己害怕得緊抱兒子禱告求主救治。待他體溫慢慢回升，哄他入睡並清理一番之後，天已濛濛亮了。

聖經故事再現

大約上午八、九點鐘，我和兒子用完早餐，取出聖經爲他講故事。那段故事記述一個癱子，因四位有信心的朋友將他抬到耶穌面前，以致得了醫治而可以起來行走。（馬可福音二章1～12節）說完，我鼓勵兒子：

「等到我們全家對主耶穌都有完全信心的時候，你的氣喘就會完全好了。」兒子乖順點頭。

上午十時左右，有人按電鈴。原來是教會的牧師、師母、傳道，以及兒子的主日學老師，不約而同起意來探訪我們。我十分驚喜，因爲他們正是四位對主有信心的朋友！聽我說起半夜發生的事之後，立即一一爲兒子感恩祝福禱告。當時我心情的平安喜樂，可說是兒子患氣喘三年以來所僅見。

從那之後，兒子的病情有了大轉變。不必等到六歲上小學前，上帝已經提前一年，讓我解除身體的勞累與心理潛在的憂慮。

這三年的經驗，造就我成爲一個有耐心爲兒女禱告的母親，丈夫自此樂於幫助安慰憂心的氣喘兒家長。兒子長大之後，克紹箕裘，也成爲照顧孩子的小兒科醫生了。

我在靈泉堂的青春歲月

一九八〇年十月三十一日，一家四口從士林遷居到台北市的城中區，也結束了在「靈泉堂」難忘的八年時光。搬家那天，教會好幾位弟兄來幫忙，甚至送行到新居安頓好方才離去。記得包括李明貴、洪彥祥、陳懋功、林隆安等青年在內，大約七、八位，連當時牧會的黃慶明傳道也親來話別。

有幼稚園的教會

我們一家（包括先生和女兒）是一九七二年八月開始到「士林靈泉堂」聚會的（離開時多了一個兒子）。當年梅師母（Mrs. Ruth Miller）在士林華僑新村自己租來的居所，開了一家幼稚園。這家幼稚園非關營利，而是爲了傳遞她的愛心以及主耶穌的救恩給老師、家長，以及孩子們。就這樣，週間白天是教育幼童的園地，晚上及週末是敬拜主的教會。只住一間臥房的梅師母，可想而知已經把自己奉獻給主，沒有什麼私生活了。

梅師母當時年近八十，又有心臟病，牧會力不從心而準備退休，所以將教會交給鄰近新成立的「中華福音神學院」管理與牧養。「華神」派了總務處蘇文隆主任負責，所以常有老師來講道、學生來實習。就一個小小的家庭教會而言，屬靈滋養已很充足。

心儀梅師母

到靈泉堂的第一年，最讓我心儀的對象就是梅師母。她氣質高貴和藹慈祥，有音樂才華，言談充滿智慧又頗能安慰人。

印象深刻的是：有一次她開車遇到車禍，住院養傷，卻完全原諒撞她車的魯莽小夥子。我去醫院探視時，不由自主地將自己的心事與煩惱向她傾吐；而她一邊聽，一邊用慈愛的眼神注視我，耐心聽畢後爲我禱告，讓時年二十七歲的我，感受到極大的溫暖。過不久，便寫了一篇「梅師母的倫巴地」，投稿到基督教論壇報，形容當年台灣之於梅師母，有如倫巴地（非洲的 Lambarena）之於史懷哲。

梅師母退休返美之後，離世的前一天，正巧寫了好幾封信給她關心的人，我有幸收到其中的一封。相信那時接到信的弟兄姊妹，都明白她在主裡的殷殷託付！

輔導青年團契

第二年開始，從二十八歲到三十五歲（1973-1980），我熱心投入靈泉堂的服事。原因是，之前在「北市商團契」帶領信主的學生，需要一個教會，否則畢業後可能會失散離開主。記得第一批學生是洪彥祥，陳美月、王月桂、朱玉招，還有林美貞、林秀雲，以及美月帶來的王愛玲、黃麗珠等等。當年他們都是高中生，如今也都年已花甲了，大多成為各教會的菁英，也建立了基督化家庭。洪彥祥尚且一直留在靈泉堂，歷任董事長及執事會主席等要職，讓我覺得當年的苦心沒有白費（他的另一半陶文華是教會資深兒童主日學教師，服事主不遑多讓）。

在民風較為保守的一九七〇年代，這些高中生要到教會聚會，常常遭到未信主家長的反對。我只好邀他們先到教會的英文班（家長不反對），上完英文課之後，接著參加青年團契，一舉兩得。自己則到青年團契擔任輔導，以便繼續栽培學生們的信仰。爲此我到華神選課多年，充實聖經知識與服事技能。

那段時間，最喜樂的就是看到學生們受洗了，總會感動落淚！

居然管起財務

靈泉堂尚未成立財團法人之時，財務收支比較簡單。也不知爲了什麼原因，梅師母居然要我管財務。我婉拒了。因爲我當時的負擔是向年輕人傳福音，要我安安靜靜地關在房間數錢記帳，眞的是搞不來。心裡還會記掛著要去關心誰，要帶誰禱告……。

但梅師母意志堅定，見勸說不成，於是親自到舍下拜託先生說服我。經過禱告之後，我想起一個辦法——從學商的學生中選了美月和月桂，加上本來就在幫忙的董弟兄（董教授的公子），讓他們一起同工，我就負責監督而已。等禮拜天忙完，再去關心即可。

就這樣做了一陣子，方才交接給更厲害的同工。

當了執事聘了牧師

梅師母退休返美之後，教會一直由兼任的蘇文隆牧師負責照看。他不僅安排豐富的主日講台，尚且成立執事會，讓教會往制度化的方向運作，也申請為財團法人。

我擔任第一屆執事時，負責傳道組事工，因教會有專職牧師的需要，所以成立了聘牧小組。成員只有三位：蘇牧師、丁教授（執事會主席）和我。大家都有共識，要聘請華神的畢業生。而蘇牧師是華神的主任，表示他需要迴避，丁教授則對華神師生不熟，只有我因上課的關係經常出入學校，所以就代表聘牧小組去申請牧師人選。

當時即將畢業的張宰金弟兄已經在靈泉堂實習一年，是第一人選。但因有條件比靈泉堂好太多的教會要聘請他，所以我向實習主任高牧師爭取時，他說張弟兄可能不會留在靈泉堂。既然如此，我就提出三位人選：第一還是張宰金同學，第二張茂松同學，第三康來昌同學；一定得留一位給靈泉堂。高牧師笑說我眼光真好，挑的都是最優秀的畢業生。果不期然，張宰金弟兄留了下來，成為靈泉堂第一任專任牧師，三年任滿出國深造，如今已是華神「輔導學」的名師了。當初讓我點到名的另外兩位，也都成為台北市響噹噹的名牧。

任教慕道班

對我而言，張宰金牧師牧會的三年中，最大的德政就是：開設慕道班。而他指派的第一任慕道班老師就是我。值得感謝的是，張牧師並未讓我孤軍奮戰，總會適時提供必要的支援。

顧名思義，慕道班是爲慕道友而設的。我記得教材有十二課，內容從認識神、認識耶穌、認識聖靈，一直到受洗加入教會；每週上課一次，大約三個月可教完一期。第一堂課只有一位學生報名，後來陸續增加，每屆到結束時平均有六到十位受洗。如此教了好幾屆，甚至延續到黃慶明傳道牧會的時代，眞是頗有成就感。後來還曾在教會刊物寫了一篇〈產房工作——慕道班〉的文章，抒發「接生」的喜悅！

如今我好似退休老師，在此數算著當年慕道班學生今日的成就：有新竹勝利堂的主任牧師及師母梁敬賢、麥詠婣夫婦，有加拿大 Montreal 長老教會的吳黃貴美長老，有受洗之後即帶領兒童聖樂團的蘇正途老師，在他出國深造回來後，不僅持續領導靈泉堂的音樂事工，尚且買一送一地攜來妻子陳秀華姐妹，爲靈泉堂的財務把關多年，貢獻良多。另外，和先生李衍煬牧師一起在德國宣教牧會多年的陳金素宣教士，以及其他像吳華綸姊妹等已經出國或散居台灣的慕道班畢業生，更是族繁不及備載。

如果說，青春是不顧一切、努力以赴的揮灑，那麼在靈泉堂的八年，就是我的青春歲月了。

輯三

彩虹之約

彩虹之約

二〇〇八年爆紅的《海角七號》電影中，彩虹被視為希望的象徵。其實應該可以追溯到聖經挪亞時代，上帝將虹放在雲彩之中，與祂的子民立下永約的美事（創世記九章12～17節）！就連我，也和上帝有過一段彩虹下的約定。

Debra的考試

話說一九八六年暑假前，女兒Debra即將從台北南門國中音樂實驗班畢業。由於她希望繼續深造古典音樂，所以打算參加甄試，目標是師大附中音樂實驗班高中部。

我向該校兼課教授鋼琴的某老師打聽「考情」。他認為考也是白考，就是取個經驗、練個膽量，還是等聯考吧！因該校國中部音樂班就有十八位畢業生，其中一定會有三位甄選上高中部，他校學生就只剩一個錄取名額了。哇！要在眾多優異學生中獨占鰲頭，錄取希望實在太過渺茫，但我還是鼓勵女兒好好準備，認真讀書與練琴，累積實力。

媽媽的禱告

作媽媽的我，也有個必做的功課，就是爲女兒代禱。由於考期排在週六、週日和週一共三天，所以我的禱詞如下：

親愛的上帝：

我可以請祢禮拜天不要排Debra考術科嗎？這樣，我們全家就可以照常上教會了。還有，鋼琴和大提琴兩科，曲目都不輕，如果排在同一天考，體力耗費太大、壓力沉重，勢必影響表現。所以求主憐憫她，讓她的術科考試，一場排在禮拜六、一場排在禮拜一，好嗎？

再來就是，考大提琴那一天，請祢賜下微濕的天氣，使她的琴音能如行雲流水般地順暢。否則天氣太乾、太熱的話，她的寶貝琴會迸出爆裂之音，那不是很慘嗎？若是下大雨，它又會發出感冒鼻塞的怪聲，更不得了……。

操場上的感謝

我囉哩囉唆地講完，也不怕上帝不耐煩。所幸禱告方向沒錯：她的考試日期居然跳過禮拜天，以致我們全家可以照常到教會做禮拜。至於鋼琴和大提琴考試，則如願一場排在禮拜六、一場排在禮拜一，使Debra得以節省體力，不必擔心表現失常。至於天氣呢？考大提琴當日清晨，尚且下著濛濛細雨，但待考試鐘響，雨就停了，陽光也露了臉，真是神奇！我體會到這一次甄試，Debra蒙受很大的福氣，心中不由得向主獻上感謝。

將女兒送入試場後，我緩緩步向寬闊的操場，對著微雨初晴的天空祈禱，祈求她能有最佳水準的演奏。我不敢妄求她考上這可說是全台灣音樂資優生第一志願的唯一名額，只希望她養成「敬業」的讀書、做事態度；因此之前她不抱錄取希望，休息時間還在看小說時，我便勸她拿出樂理課本好好複習。

彩虹的出現

正當對著天空禱告之際，一道美麗的彩虹出現了！我又驚又喜，心中突然得到極大的把握，確定Debra會贏得這場甄試。但緊接著聽到聖靈的微聲說：「記得必須給女兒自由。」我當下並不明白這句話的含義，只能抱著敬畏之情與上帝立約。

放榜後，獨占鰲頭獲得錄取的，果然是Debra！這消息可說是跌破老師、同學的眼鏡。因爲她不是苦讀用功型，而是反應迅速的聰明型；遇到不喜歡的學科，不會多加理睬。那年在班上，她的術科成績總平均大約是前五名，學科除了國文、英文成績優異外，其他都普普通通。也因爲這一次的甄試沒有考數學，使她的強項得以發揮；又因天公作美，大提琴分數特優，方才有機會勝出。我再度確定：禱告尋求主的帶領，加上努力完成該盡的本分，才是上帝所喜悅的。

至於「給女兒自由」到底何意呢？是否我一向管教她甚嚴，需要有所調整？我將這句話存記在心中。

奇妙的結局

猶記得Debra十二歲時，榮獲大提琴市賽第一名、省賽第二名，有資格以資優生身分出國進修；當時她就向我提出到國外留學的要求了。我因不願讓她從小獨自在外奮鬥而未予准許，告知大學畢業後便可隨她意。然而，在就讀師大音樂系二年級時，她再度向我請求：

「媽媽，我已經拜遍台灣的名師，現在學習遇到瓶頸，無法進步了。可以讓我到德國留學嗎？」

經過多方打聽，且腦海中憶起當年在師大附中操場上，我與上帝所立的彩虹之約——「給女兒自由」，才放心支持她出國深造。如今事隔二十多年，證明她在古典音樂的發源地，獲得很深的造詣以及適才適性的發展。而之後Debra希望與德國女婿成婚時，我和先生也很開明地衷心祝福哩！

原來彩虹之約，有救贖、有盼望、也有自由！

麗緣花藝工作室

「麗緣」二字和妹妹的名字同音，記載了她與這世界一段美麗的情緣；而「花藝工作室」則是她告別人世前最後一個職場，經營時間短短不到一年。之後，「生病」就成爲她的工作了。

我居然到了她的人生晚期，方知她如此愛花、懂花。雖說大部分女人都無法抗拒花的誘惑，我也未免太後知後覺了。當然，如果一個人，尤其是女人，必須爲家庭、事業、經濟、人際關係奮鬥時，也只能霧裡看花，不可能「玩花喪志」了。直到生了大病，周圍的人才會對她寬容些，讓她的病體稍得花的慰藉。

從音樂老師到花店老闆

一九九一年，「麗緣」爲了實現愛花者的夢想，從音樂老師的身分，轉爲「花店」老闆。她的花店和別人不一樣，正如店名所顯示的，是個「花藝工作室」。她用很短的時間學習使用花材、花器，所以插出來的花，全是自己的創作，風姿各異。她賣花藝不計成本，除了配合客戶的場地和需求外，尚且注入內心美麗的祝福。她是在「做功德」嗎？不是。我認爲，她的作品正如一幅畫或一首詩，旨在表達心意。又因她是教育工作者，一定隱隱地期望，這些鮮花或人造花，能產生一種不俗的示範吧！

九〇年代初期，市面上花店的水準大不如今。之前名媛淑女爲了增添自己的氣質也罷，布置家居也罷，展現才藝也罷，會去學學插花；而且多半承襲了日式的池坊流、小原流，草月流等等。池坊的古典、小原的婉約、草月的奔放，並不是人人可達的境界；如果學藝不精或內涵不足，插出來的花便會流於矯揉造作或死板匠氣了。此時歐式花藝開始風行，本來它就比日式花道崇尚自然；若是插得美便生氣蓬勃、搖曳生姿，插得不好就如蓬頭垢面、亂草一堆了。我自己是手藝不巧的人，早就放棄學習插花。看到「麗緣」的作品，方才尋回愛花的情感。

遠赴荷蘭進修

「麗緣」並非獨善其身的人。她突破萬難，在資訊遠不如今日發達的一九九一年十月，帶領十五位學員，同赴荷蘭STOAS農業大學參加「歐式花藝研習班」。她是透過OK留歐中心向該校申請的，這在當年完全是創舉。該校也是第一次由杜詩堡教授率同花藝研究所碩士班的八位高材生，爲遠從台灣來的學員設計兩週完整的密集課程。

這十五位學員中，有花店業者，有插花老師，有研習花藝多年而亟思突破者，「麗緣」邀我隨團作課堂翻譯。不擅插花的我，戰戰兢兢、毫無信心，所以她在行前三個月內，數度親自一面示範、一面講解插花過程讓我融會貫通。另外帶我去參觀了四場大型花藝展，聆聽從德國、比利時、日本、台灣等地專家的現場演講。再建議我看幾本配有圖片的中英文歐式花藝設計書籍，讓我研讀後信心滿滿，認爲自己也是專家了，於是放心前去協助這份意義深遠、開創先局的教學工作。

十月十六日到十一月一日在荷蘭進修的經歷，令人大開眼界，無法或忘。全團學員受到極大的禮遇，住在風景優美的宿舍，浸淫於十分緊湊紮實的課程中。上課時，壯碩親切而留著鬍子的杜詩堡教授，一邊講解、一邊示範，待作品完成後，再由學員自取材料，使用新技巧發揮新創意；遇到任何困難，也因助教與學生一對二的比例，而得到立時的解決。難怪每一堂課，學員都有驚喜的突破與進展。

我雖只是「動口不動手」的翻譯，但那種接觸新領域的欣喜，充分準備後的成就感，以及校長、教授、助教們隆重的接待，至今記憶猶新。課程內容尚且包括多元的參觀活動，例如荷蘭二十位名花藝家在古老大教堂的布置展、花卉溫室、花卉拍賣場、美術館，還有週末兩天遠赴巴黎的旅遊活動等等。學員的收穫不僅僅是技術層面，且是整個人文素養的提升與視野的開闊了。

全人付出

回台灣以後，「麗緣」就住進醫院，開始了三年八個月的抗癌歷程。這期間她並未閒著，氣若游絲中仍繼續付出整個人與整顆心，用她所能使用的方式或言語，來感化周圍的人。直至使命完成，方才安息天國。

如今，每每欣賞台灣各地鄉野的花海，城鎮蓬勃的花市與花展，或者水準超前的花藝作品時，很難不聯想到愛花的「麗緣」。

離別曲

伴隨莉的靈車抵達殯儀館時，清晨的微雨初停，澆熄了一週來台北盛夏的燥熱。一隊敲敲打打的民間送葬隊伍正好離開，否則學音樂的莉絕對受不了。不！她已飛向好得無比的天堂。不能忍受的人是我。

火葬場一片肅靜。據說是鬼月少有人辦喪事。是聰明的莉刻意安排的好時段嗎？莉的棺木迅速送入恰巧空出來的正中央七號火爐裡。

葬儀社的許小姐難掩驚喜與敬畏神情，悄聲說：

「眞是太順利了。今天早上天氣轉涼。靈車又這麼準時。臨時調來兩個抬棺的年輕人很斯文、很小心，聽說他們也是基督徒。我以爲會在這裡等到下午才能輪到我們的，沒想到這麼快，立刻……。」她喃喃，我頷首。

莉靈魂的美麗與高潔

是莉仍在表現她處事明快、待人貼心的風範嗎？

只有五個人來送葬，也是少見的吧！莉交代過，不要讓年老的父母看到她憔悴的病容，給老人家的遺書之後再轉交；其他該辭行的人，她早已一一話別，不用通知；儘早火化，不要放太平間；爲了活著的人，改天再舉行追思禮拜，讓她們知道眞有主耶穌……。「找一個小教會，聯絡到我年輕時一起服事的李牧師主持，內容就由妳安排，大姊。」

莉，妳的交代，我會一一記住，請放心。包括妳的兒子，我的外甥，我會視如己出。

正燃燒的火化爐之前，一大束粉色韋瓦第玫瑰，似在代言莉靈魂的美麗與高潔。

最後的離別曲

的確，妳早已向我們道別過了。

五個月前，那個春寒料峭的夜晚，茉和我將妳接到植滿玫瑰的「沙崙小院」靜養，請來米雪看護妳，陪伴妳與日以繼夜的疼痛、腹瀉決戰。啊！早已形銷骨立、不能彈奏鋼琴的莉，竟然凝神，悠悠奏起蕭邦的〈離別曲〉。

淒婉動人的琴音，讓原本在屋裡忙東忙西的三個女人靜坐聆聽；聽她娓娓訴說著妳對人間的不捨，不得不離去的哀傷；又似在安慰我們，妳將為我們先去預備天國相聚的院宇；然而，臨去之前，又得忍受多麼大的創痛啊！隨著琴音轉為激烈，我腦海中浮現童話故事中那善唱的夜鶯，最後玫瑰刺向胸前，汩汩流出鮮血，染紅了蒼白的花朵，吟出千古絕唱……。

我們的眼睛濕潤了。莉，妳本來就寡言，總是一語中的、一針見血。這樣的道別方式，已經使妳筋疲力盡。自此「貝森朵夫」名琴在妳指下成為絕響，此後，妳不再彈鋼琴。

堅持愛妳到此刻

米雪忠心服事妳到今天（她的工作應該在前天黃昏、妳斷氣時就結束的），已經超越職業看護的職責。五個月來，妳的病痛比別人更嚴重、更困難，並未使她求去，反而在不知不覺中，妳靈魂深處的美好，褪去她手腕上佩帶多年的念珠，化爲對主耶穌衷心的祈禱。

妳的好友茉，三番五次由美國趕來台灣照顧，眞是罕見的友誼。每當我說：「茉，謝謝妳。若沒有妳幫忙，我不知怎麼辦？」她總是說：「大姊，不要客氣。我是回國進修。」她從妳身上進修到什麼呢？原來，病中的妳，豈不是隨時在向我們傳達主耶穌的眞情眞意，使我們大得益處嗎？否則，單靠茉和妳的友情，我和妳的親情，米雪和妳的主雇關係，我們怎能堅持愛妳到此刻，甚至到永恆？

莉，妳的「忍耐等候」，終於開花結果了。前夫從國外趕回來，在妳昏迷的病榻旁守候三天三夜；而且第二天起，他的工作就調回台北，可以善盡父親之責了。妳最愛的兒子，已經長成懂事的少年；在沙崙小院的最後這幾個月，他每個週末都代替休假的米雪照顧妳，一放暑假立刻住進病房，與茉、米雪一起陪侍妳到今天。

芬芳的茉莉花

在世上受試煉的最後四十天，妳是在主任醫師所謂「硬體差，軟體卻是一流」的初設安寧病房度過的。醫生說妳是「非凡人」，因爲是忍耐到三年八個月前才求醫看診動手術，卻已是無力回天的末期胃腺癌患；忍耐到七個月前，妳才使用嗎啡止痛；忍耐到四十天前，意識到無法自主行動，方才住進安寧病房。另外，妳的非凡，更是他在安寧病房多日來的觀察。

原來我們曾答應妳，讓妳留在「沙崙小院」，直到回天家。必要時，請居家護理的護士來處理醫療事宜，但終因醫院人手不足而作罷。不得不進入安寧病房的第一夜，妳放聲大哭，那不是平日幽嫻貞靜、智慧堅毅而勇敢的妳。

我愕然。魯鈍的我，居然不明白妳爲何慟哭。我以爲妳的眼淚早已背著我們流盡；我的眼淚也早在當初，妳瘦削的軀體如待宰的羔羊蹺曲在擔架上、被抬進手術房時，哭盡；早在請託醫護人員向妳隱瞞病情的第一年，背後拭盡。待妳從好友口中套出自己的病況時，卻必須一個人承擔婚姻的破碎與經濟的破產，親情的隔離與病體的折磨，但妳反而靠主剛強起來。

那尚且不用完全臥床的三年，妳除了本行的音樂，加上花藝、廚藝、畫藝和服裝設計，轉瞬之間妳一生的才華紛紛在三年中奇蹟地綻放，且與周邊的人分享。新識的友人莫不讚妳爲才女，妳卻私下微笑告訴我：

「妳知道我不是才女，是主正在讓我一生的願望實現。」

可是我還是不明白，那天妳爲何慟哭終夜？然而次晨妳恢復鎮定，忍耐住在那間樸素封閉而乏善可陳的病房中，請米雪爲妳換上同樣樸素的衣著。（住沙崙小院時，妳的裝扮多麼優雅啊！）妳拖著浮腫的雙腳，讓米雪攙扶著移到狹小的會客室，掀開屋角灰塵薄覆的風琴蓋，緩緩彈奏著〈耶穌恩友〉。

琴聲吸引醫院工作人員與尚能起床的病友聚攏；一首首的詩歌輕唱，帶給氣氛凝重的病房一絲溫馨。畢竟體力太差，二十分鐘後，妳由米雪扶回房間休息。

次日黃昏，妳再度打起精神到會客室彈風琴。此時病友們已知有一位音樂老師在彈琴。有辦法起床的，紛紛由看護或推輪椅或扶著身子前往參加這場妳帶領的聚會。每個病人各自點著自己愛唱的歌，一位尚在壯年即患絕症的先生坐在輪椅上，點了〈茉莉花〉；淚流滿面聽畢後，他請家人將一小束芬芳的茉莉花，獻給琴邊蒼白的妳。

彈風琴的事，是由茱轉述的。第三天，莉已完全無法起床活動。還有人在問：「那位彈琴的老師，怎麼不來了呢？」

如雲彩般的見證人

莉，記得我曾問妳：「妳這麼虔誠愛主，何以從來未聽過妳埋怨上帝，讓妳這麼辛苦？」

次日妳回覆我：「生病是我的工作。」

我不瞭解。後知後覺的我，如今終於相信。

若不是妳生病了，我不會因與妳有較深入的交談，而擺脫多年生活與心靈的桎梏，成爲「眞理使我得自由」的基督徒，而我，只是妳的受惠者之一。若不是妳生病，我不會明白，主對世上弱勢者的心意；若不是妳生病，我不瞭解癌末病人需要親情、友情與愛情，而不只是看護。妳的非凡在於縱使半昏半醒躺在安寧病房中讓人服事，卻有不少醫生、護士，甚至牧師，因妳的同理心與屬靈的敏銳而得到安慰，並向我表達他們的謝意。

護理長有一天興奮地告訴我：「妳知道嗎？今天董事長探訪過莉之後，居然同意編列預算建造新的安寧病房了！我們一定要按照莉的夢想，在病房四周種植花草樹木。」

莉，我終於明白上帝為何讓妳生病，讓妳住進這樣一間完全不符合妳美感需求的病房了。

再過兩年，當「硬體、軟體都一流的新病房」建好之後，妳的後進病友們，在這裡等候有尊嚴地離世前，不必如妳一般，對病房寒愴的設施慟哭終夜了。

莉，妳眞是聖經上所說的，雲彩般的見證人。生時、病時、死後，都向我們說話。

安靜候主的睡美人

火葬場工作人員打斷我的思緒。他要我們觀看，讓燒好的白骨裝進骨灰罈裡。這位中年先生以專業口吻說：

「嗯，顏色雪白，沒有經過化療。」因為醫生認為妳已病入膏肓，無須化療與電療。

「嗯，頭骨長得好，頭腦一定好。」是的，莉，妳的頭腦眞的很好，並不完全由於天賦異稟，更是因敬畏上帝而得的智慧。記得病重中妳說過，妳期盼像摩西，年老時眼目不昏花，腦筋也清晰。後來妳痛徹心肺時，更羨慕啓示錄提到的天堂，轉而嚮往那「沒有疼痛、沒有眼淚」的地方。

莉，我知道裝在骨灰罈中的已經不是妳。

今晨那兩名斯文的年輕人，將輕飄飄的妳抱入棺木躺臥時，我看到的是一位睡美人——雙眸微閉，安靜等候那萬王之王蒞臨的一刻；醒轉過來，成爲祂永遠的新娘……。

有緣來逗陣

中午時分，福至心靈打開收音機。一陣鑼鼓喧天、歡天喜地的片頭音樂後，接著是活潑的台語口白：

「歡迎收聽『有緣來逗陣』節目，我是主持人劉三。今天我的搭檔阿文爲什麼沒有來呢？原來他去念神學院了。所以只好由我孤單主持囉……。」

奉命主持廣播節目

我又驚又喜。因爲自己近來難得清閒，所以兩週前在早禱中問上帝，接下來有什麼事可以讓我做。未料答案立即出現，雖不能說是如雷轟頂，卻是一清二楚：

「去主持每週一小時的廣播訪談節目。」

我有點莫名其妙，這樣的念頭從未有過。根據以往的經驗，應該是禱告得來的答覆。

時值一九九五年歲末，由於電視風行了三十年，我已甚少收聽廣播。先生倒是常常到中廣、警廣、全民電台等接受專業的訪問。我問他：「這個禮拜你要去哪個電台呀？」他答：「佳音廣播電台。」原來是個成立不久的基督教公益電台。請他帶我去見識一下，他也答應了，可能認為舍妹的追思禮拜剛過，為了讓我散散心，而不以我的請求為突兀吧！

尋找指導老師

然而，要擔任主持人談何容易。我既非科班出身，更非媒體名人，又已屆知天命之齡，有誰會請我去主持節目呢？何況，去哪兒主持何種性質的節目，自己也尚無概念，於是起意尋找老師指導。而我和廣播界毫無淵源，何處覓得良師？只能打開收音機，先轉到佳音電台，聽聽人家怎麼主持。

耳中傳來一陣悅耳的女聲。這位女士不僅口齒清晰，聲調溫柔，語氣文雅，談話內容又兼具知性與愛心，和聽眾的互動也極親切。我聽得著迷了！節目結束前，她緩緩地說：

「各位親愛的聽眾，我是彭海瑩。今天是我主持『活出生命的色彩』的最後一天，非常感謝您與我在空中共度的美好時光。願上帝繼續祝福您和您的全家。」節目在悠揚的樂聲中結束了，留下我一陣錯愕。

原來是她！據我所知，她是資深廣播人，也正主編一份頗有人文深度的雜誌。我們曾在神學院同修一門課程，稍有認識，已經好幾年未接觸了。事不宜遲，趕緊打電話到電台，告訴她我想請她指導的意願。她雖然感到意外，卻也耐心表示次年暑假會在神學院開設廣播課程，屆時我可以去選讀。我說我等不及到那時候，可否現在就開始私下指導我。

彭老師大概被我的堅持感動了，只好擠出時間與我見面，借我閱讀廣播理論書籍；帶我去錄音室，讓我隔著玻璃、帶著耳機，聆聽並觀看她製作主持三種不同型態節目的過程；也鼓勵我要常常聽廣播，以為參考。她甚至還介紹我到其他電台接受訪問，熟悉廣播環境。我自己則為了提升對話的膽量與技巧，天天call in到不同電台甚至電視台練習一番。

實習的機會

有了良師，接著希望有個園地，可以配搭主持人實習，直到有辦法獨當一面為止。彭老師認為這樣的機會微乎其微；但上帝居然沒有讓我等待，馬上賜給我靈感，在第二次收聽佳音電台的節目時，就遇到配搭主持人剛剛離去的「有緣來逗陣」！

雖然僅有過數面之緣，但知道劉三是一位很受歡迎的年輕牧師。我興沖沖地查到他家電話，直接說明來意，表示希望能到「有緣來逗陣」學習配搭主持。接電話的劉三嫂，完全不以為怪，尚且客氣地問：

「請問您是接到劉三的代禱信，所以知道他正在尋找對台語廣播有興趣的人嗎？」奇了！我並未接過這樣的一封信，一切都是上帝的巧妙安排。

一九九六年一月十六日，我開始在「有緣來逗陣」實習。時間距離那次關鍵性的晨禱，不到二十天！劉三的主持風格十分有彈性，他的腦筋靈光、口才便捷，是出名的才子，難怪日後成為 GOOD TV 的名主持人。我雖然跟不上他的速度，但一男一女、一少一老、一快一慢，讓這個談論時事、信仰、生活、人際……的廣播節目，也呈現了和諧的風貌吧！

應徵主持人

二月下旬，劉三告訴我，他這個外製節目（宇宙光傳播中心提供）只打算做到三月底。我問接下來我該怎麼辦？他建議我向電台申請，自己製作主持節目。劉三老師對我十分照顧，整個節目從二月底就完全交給我負責了。我請彭老師教我寫企劃書，將自己製作的節目錄音帶附在其中，呈給台長。不久台長即通知我去面談。

因爲有了兩個多月的工作經驗，我信心滿滿，毫不畏懼地赴約。等電梯的時候，還遇到已有六、七年未謀面的Z牧師。Z牧師問我爲何而來，我誠實以告：

「我來應徵電台的節目主持人。」

「歡迎歡迎！」

「您老人家歡迎有用嗎？必須台長歡迎才可以。」

「我是董事長。」原來如此。

我笑著上樓去見台長，告訴他因遇到董事長，所以耽擱了幾分鐘並致歉。總而言之，一九九六年三月底在「有緣來逗陣」的實習結束之後，緊接著我於四月初開了新節目「打開心內的門窗」，是每週一小時的福音訪談節目。

整件事情的過程，讓我學到一個功課：上帝要你做的事，必定順利。

女兒的婚事

遠赴德國學音樂的女兒暑假回來，向兩老報告，說是希望與德國男朋友結婚。我和外子並不感意外，因爲之前她就探過我們的口氣：「如果和德國人結婚，爸媽會反對嗎？」還記得外子的回答是：「若是人品好，有何不可？」號稱老古板的他，有如此開明的反應，讓女兒鬆了一口氣。

準女婿飛來台灣

求學過程十分上進好強的女兒，在婚姻的選擇上倒是一板一眼，頗有乃父之風。首先，她沒有被愛情沖昏頭，尚且理性要求正在讀第二專長學位的男朋友，得找個好工作才能結婚。邀天之幸，男朋友很快地在瑞士銀行應徵到待遇優厚並能發揮所長的職位。女兒要求的另一個條件，是必須獲得父母同意。男朋友立即計畫請假兩週，打算飛來台北，讓我們兩老「鑑定」。

據說這位德國女婿人選，爲人安靜聰明。原來主修物理，畢業後不打算繼續走學術路線，因此再修經濟，以爲事業之基礎。重點是，他自幼修習古典鋼琴與小喇叭直至高中畢業，期間參與多項比賽獲獎；這和出身音樂實驗班與師大音樂系的女兒興趣經歷相合，難怪會「來電」！女兒已在德國留學五年，適應良好，成績優異；看來，也毋庸擔心文化背景的差異了。

我告訴女兒：「**Alexander**（準女婿候選人）只要來台北一個禮拜就夠了。另外一個禮拜，我想請他從德國出發開車載我們旅遊幾天，並且去拜訪他的母親。」我相信從他的開車方式與旅遊中相處的種種，一定更能了解其個性。當然，我這準丈母娘也想確定一下對方是否「家世清白」，未來婆婆是否「古意」等等。

有誠意做台灣女婿

很快地，**Alexander**單獨飛越三分之一個地球，抵達人地生疏的台灣。由於舍下未備客房，所以他自己訂了旅館住。這一週中，他和我們一家人有機會共同用餐與談話，也安排時間和女兒到台北附近的名勝古蹟走走。我和老伴努力地觀察，客氣地交談（因只能用英文）；發現女兒說得不錯——Alexander斯文有禮，聰明體貼。雖然不是女兒過去心儀的高大英俊型，但他有四分之一法國血統，藝術品味極佳，讓我「丈母娘看女婿，愈看愈有趣」，差點立刻點頭稱是。

接著，準女婿先回德國安排旅遊及拜訪事宜。然而，計畫出發的前幾天，居然陰雨綿綿；若雨勢不停，就得改搭火車了。我心中默默禱告：「千萬不要下雨啊！」何以我如此在意觀察準女婿的開車品味，乃因女兒雖聰慧可愛，但有時脾氣急躁些，希望她有個溫和穩重的另一半，以收互補之效。果然天助我也，抵達德國當日雨就停了。

我們驅車到瑞士的山區徜徉了幾天。一路上，除了欣賞湖光山色之外，但見女兒與Alexander在言語的互動中，各顯所長；一個是嘈嘈切切，一個是低沉悠揚，宛如小提琴與大提琴的對話。最重要的是，準女婿開車技術果然四平八穩！Alexander對我恭敬有禮，在山間路旁採擷黃色野花給女兒的同時，也不忘另摘一束紫花給我。這一趟旅遊，眞是心曠神怡，以致我興致昂揚，在車上唱起了一曲台灣民謠〈河邊春風寒〉，Alexander立即小聲向女兒表示，這首歌的確好聽。看來，他眞是有誠意當個台灣女婿了。

美夢成真

接著，我們去拜訪他寡居已一年的母親。不大不小的房子，布置得典雅宜人。牆上點綴有貝多芬、哥德、席勒的瓷像；耳邊傳來的是古典音樂廣播網優美的旋律。庭院種著一棵櫻桃樹，綠草如茵，圍繞著鮮豔的萬紫千紅。Alexander的媽媽是巴伐利亞的德國人，長得高大美麗，容貌神似伊莉莎白泰勒。「準親家母」預備了成套豐富的午餐接待我們，廚藝精緻極了，果然是典型的德國主婦。看她神情溫和靦腆，一定不會惡待女兒。我終於安心了！

回到台北，老伴問我：「怎麼樣？」我說：「自從女兒五歲開始，我就虔誠向上帝禱告，希望她未來的結婚對象，必須十分愛她，而且個性溫和穩重，更期望是個基督徒。看來，我不僅美夢成真，還超過所求所想哩！」

那年秋天，我們兩老終於半歡喜半不捨地遠赴德國參加了他們的婚禮。感謝上帝，從此以後，王子與公主顯然一直過著幸福快樂的日子。

失落的鑽戒

也許是最近經濟較不景氣吧！幾位生活優裕的姊妹們，爲了低調起見，不再天天穿金戴玉，連纖纖玉指上的大顆鑽戒，也都收入保管箱，形象較前樸實多多了。這讓我想起自己那枚失落多年的鑽戒。

暫時擱置的計畫

結婚時，因夫家清貧，聘禮就只是一對金鐲、一枚金戒、一枚瑪瑙戒。而我們兩人係「自由戀愛」成婚，純情少女對金錢毫不在乎，也就不計較。我的「嫁妝」，則除了一張台大畢業文憑之外，就是父母長輩親戚贈送的金飾、金條，連同前面提到的「聘禮」，全鎖在家中鐵櫃珍藏。不料一九八八年端午節，家中遭梁上君子光顧，撬開鐵櫃，一竊而光。而我因當天帶年幼的兒子及外甥外出郊遊，堅持尚讀高中的女兒同行，不許她獨自在家；以致財物雖損失，但全家大小平安，心中仍是充滿感恩！

待一九九五年結婚二十五週年時，我年已半百，自知青春已逝，比較需要化妝打扮，以免讓人觀之「視覺不環保」。或許也有點虛榮心吧！於是請先生送我一枚鑽戒，理由是讓他有機會表達堅貞之愛情。先生覺得很可笑，說：

「不就是一顆石頭嗎？沒什麼意思吧？如果妳喜歡，就去買好了。」

我到銀樓看了一下，若是名牌，價錢令人咋舌；若不是名牌，自己對於品質與成色都外行，若眞買到「一顆石頭」，那就太對不起辛苦工作的先生了。何況我對設計美感倒有一些概念，是否配合我的「非纖纖玉指」，也有自知之明。既然式樣價錢都不滿意，購買意願大大減低，計畫就此擱置。心想，還是等結婚三十週年再說吧。

意外的禮物

那段期間，我和先生決定邀請病重的妹妹莉到「沙崙小院」療養。幾年來，莉的療養生活顚沛流離，有時住朋友家，有時出國到馬來西亞寄居，沙崙小院應該是她的最後一站了。我一面爲她稍稍整修房子，一面因她的悽慘境遇唏噓，誰還會想到要去買什麼鑽戒呢？

有一天，莉打電話給在美國的好友茉，請她幫忙買樣禮物送我，以謝謝我對她的照顧。茉問該買什麼，莉要她決定，順著「感動」購買就是了。茉對珠寶很有研究，打算到銀樓找件飾品送我，沒想到視線卻一直落在一枚極美的鑽戒上。那鑽戒有一克拉多，設計十分典雅不俗，價錢可以談到七千美金。應該不必送這麼大的禮物給我吧！到底我和莉是姊妹，照顧她也應該啊！茉這麼認爲。

茉只好禱告了再禱告，分辨了再分辨，最後還是得把那美麗的鑽戒帶回台灣才心安。事實上，她們兩人並未告訴我她們的決定，直到將我請至沙崙小院，把戒指套在左手無名指上，這才眞相大白。令人讚嘆的是：戒圍完全符合，戴在我那有點退化性關節炎的手指上，不僅不突兀，尚且增添幾分優雅華貴的氣質。我在了解事情的來龍去脈後，除了驚喜地接受這份上帝所賜的禮物外，任何感謝人的言詞都變成多餘了。因爲茉和莉並不知我曾想擁有一顆鑽戒，更不知七千美金恰合我爲莉整修房子，付給包工的價錢！

永遠的鑽戒

戴上它後，正巧有位貴夫人來探望莉。我不由自主地偷瞄一下她手上的大顆鑽戒，眞是頗有較勁之嫌。奇怪，爲什麼我指上的一小顆，看起來就是遠遠美過她的那一大顆呢？在場的另兩位女士，也有同樣的驚訝。由於珍惜，我很少戴出門，只記得在一次姊妹聚會中，秀給幾位好朋友觀賞。她們聽了這段故事，也都嘖嘖稱奇！

一九九八年一月二日，梁上君子（應該是竊盜集團）再度光臨寒舍。可惜一年前因女兒出閣而自購與親友餽贈的珠寶，此時全數被竊，損失不貲；包括那枚含義深遠的鑽戒，也不翼而飛了。朋友替我可惜，問我爲何不收放保管箱，我答以有時會取出欣賞，加上屋子裝了鐵窗，自忖應該不致遭竊，哪知魔高一丈！

竊賊入侵的那天下午，我患感冒怕吵而躲到女兒房間睡午覺，兒子也因準備期末考唸書太累而在自己房間補眠。黃昏醒來時，一看主臥室地上棄置的珠寶盒，以及大開的鐵窗，方知賊已得手去矣！所幸母子毫髮無損，又是恩典一樁。

之後就不再擁有鑽戒了，也不再起意購買。但那枚鑽戒的優雅與光輝，如同已故贈戒者的風華與情意，永遠保存在記憶的盒子裡，不曾隨著時光而消逝。

新起點

「上帝啊！我才五十多歲，如果往後的人生都因關節不斷疼痛，而無法好好工作，這樣的生活有何意義？」

身體疼痛心情低盪

二〇〇二年六月，夏天已到，原來只在寒冬嚴重發作的退化性關節炎，居然一直持續著。服用消炎止痛劑失去效果，造成的副作用使我的憂鬱感更大。看來唯有「凡事帶到主恩座前求」一途了。

就這樣禱告之後，一股清楚的意念進入心中——到美容院洗頭。反正心情不好，無法處理重要的事，所以雖然當天不是我固定整理頭髮的日子，還是出門了。

美容院中傳來信息

我常去的是一家傳統髮廊，小妹會為我先做肩頸按摩。平常讓我感到舒適的動作，卻因全身的疼痛，讓我吃不消。

「今天不用按摩了，我關節痛得很厲害。」

一旁在為別的顧客做頭髮的美髮師聽到了，立即轉頭對我說：

「黃太太，我們有個客人八十多歲了，跟你一樣全身痛，每次來洗頭，都需要媳婦或女兒扶著。最近她去參加一個在南投的兩個禮拜健康營，回來以後，居然可以自己來洗頭了。不過她覺得唯一的麻煩是，家人還不太會做健康素食料理。」

「是不是台安醫院辦的呢？」我靈機一動。

「好像是。」

我想起來了。一九九九年，我因關節疼痛、常常感冒和小病不斷，曾應邀到該醫院聽一場健康管理的演講；而且預約繳交了兩千元訂金，打算到南投縣魚池鄉「三育基督學院」校園內，學習「新起點健康計畫」課程。不料正好遇到九二一震災，該健康中心建築全毀，以致無法如期舉行。我等了半年未收到通知，居然忘了此事。

報名參加新起點

這回是上帝提醒了我。於是馬上打電話報名參加最近的一期，七月初滿懷希望地搭著專車到魚池。（後來才知道這是唯一有專車的一期，因有從香港來參加的十幾位學員，醫院派專車接機，正好有利於不會開車又怕提行李搭公車的我。）

那兩個禮拜，住在對台北人而言如世外桃源的校園裡，晨昏與大自然近距離接觸。早晚和餐後，都鼓勵學員在校園中健行半小時。課堂中，有醫師和保健專家講述最新預防醫學資訊，有前幾期學員見證「新起點生活」對他們的裨益；此外尚有運動舞蹈（身體衰弱者只做體操）、蒸汽浴、按摩、漫步日月潭畔、晨曦中的山間健行、星空下的湖畔臥遊等活動；吃的是健康素食料理，還有烹飪課程等等，充實又有趣。

健康生活的果效

我在那裡生活兩週，原來過重的身體，少了三公斤半，關節疼痛減輕，心情也好轉了。其他患有高血壓、糖尿病和膽固醇過高的學員，離開前的檢查結果也都改善多多。因癌症術後及化療後需要休息的朋友，則自願再參加一期，以達更多改善體質並改變生活習慣的效果。每一位學員都感到人生充滿了希望。

回台北以後，自己仍繼續實行「新起點」的飲食方式，且每天早晨去附近的校園走路半小時。三個月下來，體重共減十公斤，身材標準，步履變得輕盈。最重要的是，關節已經不會痛到影響我的心情了。記得那段時間，就如初信主時一般，由於脫離身心不適的桎梏，每天胸臆中迴盪著「喜樂潮溢我魂，如海洋浪滾滾」的詩歌歌詞，急盼親友既能信耶穌，又能實行「新起點健康計畫」。

何謂新起點

何謂新起點？其實就是New Start。由英文字母拆開來解釋：

N（Nutrition）要攝取營養均衡的食物，尤其是無提煉油、無精製糖的健康素食；

E（Exercise）天天運動；

W（Water）要喝足夠的好水，每天至少1,500CC；

S（Sunshine）每天接受十五分鐘溫和的日照；

T（Temperance）生活有節制；

A（fresh Air）儘量呼吸新鮮空氣；

R（Rest）夜晚充分休息；

T（Trust in God），還有一項很重要，就是要信靠上帝。

時隔多年，我十分慶幸，有這一段健康生活營的體驗。之後好幾年，我的身心靈處在一種遇到嚴重試煉也能安然度過的狀態；我也發現近年來各種不同的養生書籍、健康講座，都開始朝這個方向教導。我的朋友們經我推薦參加「新起點」者，亦獲益良多。一位癌末朋友，多活了好幾年。曾有肝疾的友人，如今也仍在職場活躍著。

天天都是新起點

最近兩年，我對新起點生活的堅持放鬆太多（例如不運動），又開始常常感冒了。原來，身體的健康管理，如同靈命的操練，都應日日爲之，天天都是新起點！

購屋奇緣

遷入新居的隔日清晨，早起拉開窗簾，見到曙光中遠遠近近的陽明山景，不禁爲之感動驚豔，開聲吟哦：

「我要向山舉目；
我的幫助從何而來？
我的幫助從造天地的耶和華而來。」
——詩篇一二一篇1～2節

自二〇〇四年情人節住進寒舍，至今已逾十數載，而覓屋過程中的諸般神奇，不敢或忘。如今房價飆漲一倍以上，好幾位投資取向的芳鄰，紛紛出售牟利。但年已逾花甲的我，則穩如泰山，視此佳美之處爲人生最後一站，希望能住到「移民」天國的那一日。由此可見我對它的滿意度了。

具體而微的禱告詞

話說二〇〇三年八月，先生因病手術治療後回家休養期間，女兒自德國返台探視。這時我收到一封建設公司寄來指名「黃太太收」的信。原來之前曾經參觀過天母某個建築工地，感到價錢太貴而並未訂購，僅留下通訊地址。如今大廈建竣，餘有空屋，所以通知我再去參觀。我邀了女兒同往。

我們當時住在台北市區的公寓，已有二十多年歷史，曾經遭竊三次，住起來不太有安全感，三年來時時考慮搬家。只是先生十分戀舊，而我稍微看中的房屋也因預算不足，所以就拖延下來了。但心中還是有個盼望，期待自己在六十歲以前，可以買到合適的房子，作爲養老之居。

記得在看了幾處新舊大樓，仍然一無所獲之後，我在禱告簿上如此寫著：

「主啊，我都快六十歲了，如果以後年老體衰，還要忙著買屋賣屋、裝潢搬家等等累人的事，實在力不從心。所以祈求祢讓我在六十歲之前，買到環境安靜、空氣新鮮、生活機能好、有車庫、有警衛管理、交通稱便、隔壁和樓上樓下鄰居友善、打開窗戶可以看到一點綠意……的好房子。當然經濟能力也要負擔得起，讓我跟先生安心住到見祢面的那一天。」

禱告詞如此囉哩囉唆、具體而微，實在是受到趙鏞基牧師的影響——他的書上老是鼓勵基督徒祈禱內容要清楚明白，不要含糊籠統。而我自己也瞭解，若我的禱告有錯誤，上帝自然會讓我發現，幫我調整。

購得理想宅第

我打電話到建設公司，是一位陳小姐接的，她請我直接到現場去找她。女兒和我一起參觀之後，發現房子的建材堅固，設計典雅，美中不足的是啓窗而望，面對的是一棟舊公寓醜陋的後陽台，花草樹木也嫌不足。我想或許高樓視野會好些，陳小姐卻說五樓以上的樓層盡已售出，我們只好留下聯絡電話，返家考慮。然而，這的確是我覓屋以來，一棟較為欣賞的建築。

隔幾天，我邀請小叔一同前往幫忙看屋。三年來一直陪同我尋屋的學妹Sharon，還有勸我搬家到天母的Sara，也都擔任我的購屋顧問。當我向陳小姐介紹小叔時，她非常興奮地問：「黃太太，妳先生是不是馬偕醫院的黃醫師呢？」

在我證實之後，她說小叔長得太像外子了。十多年前，她的三個小孩每逢生病，都是找外子診治。陳小姐連連稱讚外子的醫德與醫術，語氣充滿著讚賞與懷念，以至於曾經表示五樓以上樓層均已售罄的她，居然帶著我們到隔壁去看一棟外觀完全相同，卻多了花園的華廈。她告訴我們有個買了八樓房子的住戶，改變主意換大坪數的了，問我要不要看看。參觀之後十分欣喜，因爲無論哪個房間，都能與不遠處的青山翠屏相看兩不厭！

又過兩天，我請先生來作最後的決定。個性十分「龜毛」的他，也表示有點興趣。但因他身體尚在療養，對未來的工作前景不太有把握，乃請我禱告後自行決定。由於責任如此重大，讓我想起一位女企業家朋友Elizabeth；她擅長理財，又常有購屋經驗，於是打電話向她請教。Elizabeth事業忙碌，我們除了每週一次英文查經之外，平常很難找得到她，這一次卻馬上聯繫到，而且立即陪我前往勘查打聽與議價，鼓勵我一定要立刻買下來，好似她自己要買房子一樣地熱心。由於她的協助，讓猶豫不決的我，終於購得理想中的宅第。

購屋奇緣的bonus

至於先生略微擔心的經濟問題，也順利解決了。我在房價尚低的八〇年代初期，爲了兒子上學的學區所購買的舊公寓，加上自己的住家，一併在兩個月內如期售出；房屋貸款也只繳一個月就還清，合乎我們倆不願欠債的習慣。如此順利換屋，不僅印證了我的禱告需求，而且超過所求所想！天天在家就能與藍天白雲青山爲友，我心中充溢著感恩之情。

爲了報答售屋的陳小姐，我將主耶穌介紹給她。她歡喜接受，還常常打電話與我分享見證。這也算是購屋奇緣中附帶的bonus，讓我另增一番喜樂。

輯四

六十過後

訪韓聖會歸來

二〇〇六年夏天，在一次婦女聚會中，聽到某企業家太太Cecilia的演講，激起我參加訪韓聖會的念頭。

Cecilia是一位美麗的富家少奶奶，有個十四歲的女兒和十歲的兒子，都在美國讀書。她受洗歸主方才一年，屬於浸信會，對於信仰的渴慕十分眞誠。這一家生活優越的母子女，居然能夠參加禁食七餐、每天上課五堂的聚會，不僅中途未打退堂鼓，回台後尚且津津樂道，打算次年再赴會。對他們而言，教派的差異完全不是問題，反而能收互補之效。

啓程赴訪韓聖會

主辦單位是五旬節教派背景。我個人對上個世紀的三波教會靈恩運動，自比爲「穩健型」，似乎未完全被掃到；何況信主四十載，浸淫最久的是保守的都會本土長老教會。然而觀看周遭的親友，某些還是自己帶領信主的，在接受靈恩之後，不僅信仰的深度青出於藍，恩賜的發揮與傳福音的果效，也令我不得不信服。這也是與會的動機之一。

二〇〇七年夏天終於成行。大會的全名是「第十九屆亞細亞聖徒訪韓聖會」；主題為「宣教與復興」，傳遞聖靈充滿必帶來教會復興，教會復興則宣教方有果效的異象。我參加的梯次時間訂在七月十五日至二十二日，學員全是華人。根據主辦單位統計，共有四千九百位，台灣就去了三千四百名。至於地點，前三天四夜在韓國汝矣島崔子實紀念祈禱院，也就是以趙鏞基牧師的岳母崔子實牧師為名的禱告山上；下山後才住在首爾的五星級飯店。講員有韓國及台灣的名牧，還有幾位到過世界各地，包括中國大陸、蒙古和回教國家傳福音多年的宣教士，可謂人才濟濟。

眾名牧齊聚一堂

大會的十三位講員，屬靈與服事經驗均各有千秋。讓我至今仍舊難忘的外國講員則有三位：一直在蒙古傳福音的韓國李鎔圭宣教士、中國宣教數十年的包德寧牧師，以及趙鏞基牧師的夫人金聖惠女士。所有韓文講道內容，皆由張漢業牧師同步翻譯成華語。

李鎔圭宣教士述及他艱辛的宣教歷程時，斯斯文文，正如其著作《放下》一般，表現出放下自我，百分之百委身主耶穌使命的風範。他的講道並無驚人之語，卻讓我如同看到一罐被打破的玉瓶，聞到膏油外溢的馨香之氣。講道畢，當他帶領會眾禱告時，聖靈的感動使啜泣聲此起彼落，可見有不少基督徒重新獻身了。

另一位目前擔任香港復興教會主任的包德寧牧師，則是渾身動力、大聲疾呼地傳講中國大陸宣教的異象與成果。看到螢幕上受苦而飢渴的中國基督徒人數節節上升的情景，委實令人感動。

而韓世大學校長金聖惠女士，端莊穩重，又是另一種形象；她用發音不是很標準的英文講道，詮釋羅馬書十二章2節，簡簡單單，十分生活化。雖然聽後我並未有特別的心得，心中還論斷著沒有必要用英文；但在回台灣的飛機上，有一位留學美國的小姊妹，見證她從這堂英文講道中獲益最大！另一位姊妹也大力分享她在這堂唯一女性講員的講道中，所得到的實質啓發與幫助。

來自台灣的講員則有極具知名度的張牧師、楊牧師和周牧師。

精神抖擻的張牧師帶了六百位會友去參加，雄糾糾、氣昂昂，好不威風。他表示多次參加訪韓聖會，是爲全心全意尋求神，卯足精力搶恩典，也期許與會者絕對不要發怨言，的確頗有大將之風。張牧師爲了尋求更大的牧會恩典，公開成立「趙鏞基學校」，集合牧者同好，表明就是要效法趙鏞基牧師。他們教會的禱告會人數已破千，如今還成立網上的禱告會。

至於楊牧師，記得神學生時代，他是一位臉色蒼白的文弱書生，三不五時遇到考試還得因心臟病發而送急診，如今老當益壯，在一間知名的大教會牧會。他把自己的健康及服事果效，完全歸功於「生死盟」的屬靈禱告同伴——據說已有兩百名。楊牧師從年輕到年長，悉以傳福音爲職事，只是方法愈來愈精進，效果愈來愈彰顯（例如《滿福寶》就是他所設計的傳福音小冊）。看到三十年未見的楊牧師，令我思及詩篇所說的：「義人要發旺如棕樹，生長如利巴嫩的香柏樹。」

而周牧師更讓我歎爲觀止。認識他時，他還是校園福音團契的台大法學院輔導。我因大四下才信主，而且並未參加團契，畢業前只見過他一面。當年的「周哥哥」木訥寡言，十分「古意」，印象中是好人一個。三十年後，據說也因爲有了靈恩經驗，擴張了服事帳幕，讓他所牧養的教會成爲十年來台灣發展最迅速的教會。我原以爲周牧師的優點就是心胸開闊，知人善任，樂與眾教會合一，講道也許平平吧？不料，我錯了，他不僅在禱告山上的晨更中，轉變我的思考面向；就是下山赴汝矣島純福音教會的屬靈特會時，所使用的活潑戲劇性講道方式，也令我這挑剔的老基督徒刮目相看。令我最感動的是其愛護扶助弱小教會的誠意。周牧師眞有大教會牧者的謙卑與胸懷啊！

歡慶敬拜主

下山後第一天，大家到汝矣島純福音教會接受趙鏞基牧師的「差派禮」。我想，用差派禮來定位這一場如同主日崇拜的聚會，主辦單位一定是期許每一位參加訪韓聖會的弟兄姊妹，離開之後都奉主差派去傳福音吧！猶記得二十年前趙鏞基牧師的著作如《第四度空間》、《三拍子的祝福》等譯成中文後，曾引起教會界讀者兩極的反應；其一是激勵了更多信徒的信心，另一是獲致更多保守派的批評。經過時間的洗禮，觀察趙牧師服事的果效，他已成了全世界最大教會的牧師（七十五萬會友）；由他所結出的「好果子」，應該可以見證他是一棵「好樹」了。

我曾讀過趙牧師對傳道人演講而結集的一本書，書名爲《我就是這樣服事》。他在書中勉勵傳道人要禱告、順服，再禱告、再順服……，可見趙牧師是「土法煉鋼」型的傳道人，而土法煉鋼卻是累積實力的最好方式。在牧會初期，他經歷了許多艱難，至終方能走到豐盛之處。如今趙牧師自牧會五十年的崗位退休了，的確是主耶穌忠心又良善的僕人啊！我個人一直是他的書迷，回台灣後，尚且繼續閱讀他寫的《今日嗎哪》。

此外，大會也安排了三場敬拜讚美節慶。一場在汝矣島的純福音教會，一場在良材的大地教會，另一場則在首爾的市政府廣場。每一場耗時大約三個鐘頭，皆由河宣教士帶領詩歌舞蹈敬拜，場面十分浩大。河宣教士於一九九〇年代，首次將舞蹈敬拜輸入台灣。猶記得我和女兒曾經在中正紀念堂廣場參加過一次，雨中敬拜印象深刻。時隔多年，也許我年紀大了，那麼長時間的唱詩，聲音體力有點無法支撐。但現場的火熱氣氛猶如偶像歌星簽唱會，熱情的弟兄姊妹甚至衝到前台他的四周舉手歡唱，其熱烈景況，據說比起麥可傑克森當紅時的演唱會有過之而無不及。也難怪河宣教士在眾人擁擠中要趕緊說：「我不是上帝，我們來讚美主。」如同行了神蹟被擁戴的彼得一樣宣稱著。這三場我比較需要忍耐的聚會，卻是同行一位較年輕的姊妹最感動振奮的節目。

更寬廣的信仰觀

倒是發生在個人身上的幾件事，使我再度確定，身為上帝兒女，無時無刻都蒙受祂照顧，也無時無刻在各種大小事上被祂使用。第一件事是，在山上的某天清晨，我正在數千人聚會的會堂中找位子，別人已經開始敬拜讚美了。突然有一位完全不認識的韓國大會同工，走過來問我可否接受「汝矣島電視台」的訪問，談談參加訪韓聖會的感想。她在會場僅隨機選了三個人，讓我有在眾人中被上帝點到名的感覺，當然立即答應。心中還興奮地想著：「上帝還要繼續用我傳播祂的福音嗎？」

第二件事是，參加韓國家庭小組聚會時，遺失皮夾而不自知，待離開現場由女主人陪到樓下，打算搭計程車回旅館時，突然心生一念，要將皮夾內的一張名片給小組長，這才發現皮夾不見了。主人立刻上樓找到我的皮夾，省卻很多麻煩與損失。而小組長不知何故送我一本她自己正使用的韓文聖經，九成新、棗紅色皮面金邊，附有拉鍊。我們語言不通，我也卻之不恭，就接受了。帶回台灣後，方知同教會一位曾經留學韓國的姊妹剛剛遺失她寶貴的韓文聖經。原來上帝派我代轉一本更精美的聖經送給她！

這趟韓國之行，雖然是在身體不適的景況下勉強成行的，但承蒙帶隊的台灣基督教婦女會會長Linda和老友阿惠，還有新朋友Helen等姊妹，對我照顧有加，讓我得以清心領受上帝的祝福與造就。尤其在山上時，雖然從早到晚都在聚會，大會還要求願意的學員操練七餐的禁食；這對於年逾花甲的我而言，身體的確疲累，但屬靈的饗宴，令我頗受震撼也獲益良多。大通鋪以及公共浴室，都沒有難倒我，反而每晚一覺睡到天亮，不能不說是主耶穌極大的恩典。

回想自己多年的信仰歷程，先是重視神學探討，後是追尋信仰生活化；時而嚮往與文化相聯結，時而只管認眞服事不見一人……。其中一直在思索的問題卻是：聖靈充滿的外在表象若不合自己的期待，是否就要排斥該教派或該神學？參加訪韓聖會後，我再度被提醒，要以更寬廣的態度，接受多元的信仰表達方式，因爲「人看外表，上帝看內心」。

離別後的喜訊

親愛的莉：

眞的很抱歉，我應該在Andrew（妳的兒子，我的外甥）婚禮之前，就向妳寫信報告的。躑躅再三，爲的是想到妳身在天堂，應該早就知道這樁喜訊了，我是否需要多此一舉呢？

還是Andrew對媽媽比較貼心。五月十八日晚上，在喜氣洋洋的婚宴中，他向五百多名賓客，一面放映著成長過程的照片，一面訴說著他對父家母家的感謝，場面溫馨。最後，當螢幕出現妳和他在病房過生日的合照，顯出他對妳的思念時，他在眾人面前宣布：「媽媽，我結婚了。」

我坐著的那張娘家親友桌，每個人都不禁飆淚了。我們怎能不百感交集呢？想到妳在世時所經歷的艱難、困苦與病痛，大家是多麼地不捨。如今妳的獨生兒子已經立業成家，娶了氣質溫婉賢淑、在職場上又認眞能幹、堪相匹配的妻子，怎能不爲Andrew高興，爲妳不在場而遺憾而難過呢？

婚禮次日，在我們家已經幫忙家務二十多年的許媽，仍舊重述著，當初妳怎樣向她託夢，似在請她繼續照顧兒子飲食起居的往事；說著說著，再度哽咽落淚。她又提起喜宴時同桌的DJ一家以及LM夫婦，那都是妳當年所關心、所結出來的美好果子啊。相信妳在白雲之上，必然露出安慰的笑容吧！

親愛的莉，由於妳遭逢家變，把十歲的Andrew託在我家。妳不希望當妳必須爲生活掙扎打拼的時候，兒子跟著妳受苦；妳也不希望，兒子跟著當時事業出了狀況的爸爸，天天獨守空屋。妳認爲，Andrew住在我家，會有正常的家庭生活，有大姨丈、大阿姨的保護，有表哥、表姊相伴。但妳盡量不與他單獨聯絡相處，只有偶而大夥兒一起出遊，或者一起聚會時，母子才能稍享舐犢之情。妳眞的用心良苦，不希望當時的家庭風暴影響到他的成長。

「屋漏偏逢連夜雨」——妳突然發現自己罹患胃腺癌，而且已是末期。如果離開世界，Andrew 得不到完全的照護，怎麼辦？妳因而憂心、因而盡力設法，只有上帝才聽得到妳暗夜哭泣的祈禱吧！後來知道若有必要，姊夫願意領養孩子時，妳方才放心些。雖然知道我們的不完美，妳卻願意如此信任我和妳姊夫，把最摯愛的獨生子託給我們；說起來，反而是我們應該感謝妳才是。妳怕我對 Andrew 太過客氣，還向我提過：「不必太同情他喔！」親愛的莉，我不敢說妳多慮，但妳這位慈母的祈禱，必然感動天聽了。因爲Andrew的爸爸在妳去世後，立即從國外被調回台灣。Andrew上大學和留學，他爸爸也都支持。

親愛的莉，雖然我盡力了，但還是不確定自己有無辜負妳的期望。我十一歲起就因求學而住親戚家，在那段多愁善感的青澀歲月中，常常自憐地哀嘆「寄人籬下」。我多麼希望Andrew不會有同樣的心情啊！他在我家經過童年、青春期，到高中畢業。在他考上理想的大學之後，我認爲自己已經仁至義至，無愧於妳們母子了；現在回想起來，我是多麼驕傲自滿啊！「神經大條」的我，說不定在心理上根本無法給細膩的Andrew足夠的支持。所幸上帝了解我們全家人對他的心意，親友也看到他的懂事與成熟。有人稱讚是我的功勞，但我知道絕對不是。那完全是妳的遺傳以及早年對他的教育打下的良好基礎，如今開花結果了！

Andrew在妳離世之前，親眼看見妳辛苦抗癌的歷程。讀高二的時候，他每個週末都去照顧妳一整天，代替休假的菲籍看護。妳在世的最後一個暑假，他在安寧病房日夜守候經月，直到妳息了地上的勞苦。記得之前妳對我說過：「Andrew看到母親的病痛光景，他以後找對象，一定不會風花雪月，不會天馬行空，會找到最合適的妻子。」

說到他的婚事，就要提到他交女朋友的態度。Andrew生性內斂，不輕易表達感覺。記得妳曾說：「如果他有中意的女孩子，一定要催促他趕快追呀！」是的，當Andrew赴美留學歸來，在他任職的銀行認識同事Angela後，左觀察右觀察了將近半年之久。我知道他們開始交往之後，便常常追問進度；他的表姊Debra也從德國寫信，甚至打越洋電話加油。總之，我們全家都一致贊成這件美事。我也一直催他趕緊帶女朋友去給爸爸和後媽認識，鼓勵他要早日提親，在他旁邊囉哩囉嗦地，Andrew也不嫌煩。終於，得以歡喜參加五月十八日這一場感人的婚禮了。

親愛的莉，妳的預言果然成真。Angela不僅學經歷跟他相當，看起來相配，最重要的，我在她身上依稀發覺到和妳一樣，順服丈夫像順服主的影子。妳一定很安心吧！兩個多月來，我觀察他們婚後的情景，發現Andrew雖然依舊工作忙碌，神情卻放鬆許多，也不禁釋懷了。這讓我憶起聖經中一段簡短又優美的描述：

「（以撒）娶了她（利百加）為妻，並且愛她。以撒自從他母親不在了，這才得了安慰。」（創世記廿四章67節）

親愛的莉，感謝妳，留下許多珍貴的禮物給我。不僅是掛滿我家牆壁的畫作，不僅是孝順體恤的Andrew，最重要的是在任何逆境下，妳都堅持信仰的榜樣。妳是音樂老師，經常鼓勵我唱歌解憂。莉，如果我現在要唱一首歌給妳聽，那會是一首台語聖詩：

境遇好壞是主所定，上帝在照顧你，
站主翼下穩當免驚，上帝在照顧你。
上帝在照顧你，各日在顧，各日導路，
上帝在照顧你，上帝在照顧你。阿們。

這首詩歌，我應該是要唱給新婚的 Andrew 和 Angela 聽的。

地上的大姊　敬筆

兒子結婚了

兒子Daniel二十八歲以後，我對他的終身大事開始產生危機感。並非他不受歡迎，唯恐找不到好對象，反而因他從小就頗有「女生緣」，長大後也算是仰慕者眾，到了適婚年齡，他的婚事竟然成了我的煩惱。

希望娶得賢媳

對於婚姻的看法，我跟先生都是古板的人，因此兩代之間難免有些差距。我們推薦的人選，兒子不「來電」；他來電的對象，我們不一定欣賞。爲人父母者初時表示開明，也就相安無事。直到他二十八歲以後……，彼時作爸爸的，手下不乏或才貌雙全或貼心能幹的女弟子，都是賢媳候選人，兒子卻只當作「哥兒們」看待。做媽媽的考慮當然更多。但與兒子溝通之後，僅剩下最後的底線——必須是信仰相同的基督徒，所幸這也是Daniel的志願。

我使出最有效的招數，請關心他的牧師幫忙祈禱；而這樣的牧師就有三位，讓我得到很大的心理支持。何況我還有一群信仰虔誠的姊妹淘，每次聚會談起兒女時，大家都會彼此代禱，互相加油打氣。如遇有塡寫禱告卡的機會、或在正式的禱告會中，主持人要求「提出最重要的事」時，我必然回答：「希望上帝爲兒子安排一位佳偶。」的確，我多麼期盼祂把一位最合適的女子，帶到兒子面前，如同夏娃被引領到亞當面前一樣啊！

決定禁食禱告

到了二〇〇七年十二月，兒子年已三十，我的危機意識再度被挑起。於是決定從十二月十二日開始，用四十天的時間，進行每天一餐的禁食禱告。聖經中對於禁食禱告，有一些原則與描述，多半是在遇到極大困難時爲之，四十天則是頗具意義的期限。這也是我初次使用密集的長時段，爲自己無法解決的問題祈求——祈求上帝幫助我除去對兒子婚事的隱憂。這四十天中，我每天早晨六時起床，取出筆記簿，逐日認眞寫下禱告的內容。例如第一天，我如此寫著：

「主啊，這個兒子是祢所賜的，現在他面臨婚姻對象的抉擇，我向祢祈求，賜給他一位敬愛上帝的好妻子，在靈命、生活及工作上，都對他有益無損，能夠建立榮神益人的家庭。也求主讓這位愛主的賢妻，性情與他互補，家庭背景與我們相似。主啊，如果可以的話，我希望她身體健康、頭腦聰明、長相端正，個性樂觀……。奉耶穌基督的聖名求。阿們。」

遇見一位好女孩

從事四十天為兒子婚姻祈禱的特別計畫，我向先生報告了，他十分感動支持。至於禱告的重點，我也向兒子透露，他安靜點頭，應該也很希望自己的婚姻之路明確吧！這一段期間，每天清晨我專心向上帝傾心吐意，內容和語氣也日有更新，而不至於貪心妄求。

禱告到第十三天，也就是十二月二十三日禮拜天，我在教會遇到一位端莊有禮，名叫Grace的女孩子。猶記得半年多前，先生、兒子都曾稱讚過她待人接物的誠懇理性與溫柔。據說她出身教育世家，也難怪如此有教養！這一次無意中碰面，使得我隔天早晨在禱告簿上寫著：「Grace應該是Daniel很好的另一半人選。」但當時他們兩人並未單獨交往，是否有來電，我也不得而知。

憑信心等候

十二月二十九日，我在聖經中讀到一句鼓勵的話：「耶和華已經分別虔誠人歸祂自己；我求告耶和華，祂必聽我。」（詩篇四篇3節）我開始更有把握：「耶和華必成全關乎我的事。」（詩篇一三八篇8節）因爲兒子的事就是我們家族的事，也就是我的事啊！

二〇〇八年一月初，我每天的禁食晨禱更加具體、也益發鉅細靡遺了。由於持續爲兒子代禱，我的心情變得平靜，過度關愛兒子的緊張程度也被調整了。加上同時閱讀聖經，受到潛移默化，擔心與焦慮日益減輕，甚至逐漸消失無蹤，信心也大大增強。到了一月二十日，四十天已滿。我在禱告簿的最後一頁寫著：「主啊，賜我信心與耐心，等候上帝美好的旨意成全在兒子身上。」

四十天之後

隔天晚上，好友美玉打電話給我：「鹿溪，我去參加Bill Crowder的聖經講座，看到妳兒子和女朋友哩！」我說：「女朋友？長得什麼樣子？」美玉形容是一位氣質和身高看起來都和Daniel很相配的女孩子，服裝也很得體。我聽了即有預感，這個女孩子一定是Grace！果然在一週後，Daniel向兩老證實他已和Grace交往了。兩人感情進展出奇順利，我和老伴理所當然大表贊同。

最美妙的結局是：八月二日這一天，在古色古香的禮拜堂，牧師的福證以及眾親友的祝禱中，兒子結婚了！

新手婆婆

從小愛看小說，因此想到「婆婆」一詞，腦海即出現〈孔雀東南飛〉裡凶悍的焦母（註），以致不寒而慄。幸而信主之後讀聖經，由〈路得記〉的故事中，觀察到拿俄米與路得婆媳之間的愛心互動，方才鬆了一口氣。雖然有了榜樣，卻不知自己有朝一日成了婆婆，是否也具此智慧與福氣？

現代婆婆怎麼當

二〇〇八年八月，兒子娶得秀外慧中的賢妻Grace。我雖欣喜莫名，但說到要當婆婆，還是戰戰兢兢，如臨深淵、如履薄冰。據說現代媳婦和婆婆能相敬如賓就很幸運了；如果親愛的兒子婚後便和我們不親，該怎麼辦？回想自己初為媳婦時，每逢午休時分，已婚的女同事多半在吐苦水，鮮有和婆婆相處和諧形同母女者。時隔一代，前輩們則常耳提面命：「媳婦不比女兒，客客氣氣就好。」聽起來好生疏。這年頭，不知婆婆是否比媳婦難為啊？

但我們家媳婦似乎不一樣。婚前小倆口要去捷克拍婚紗照，都要約我同行，使得嚮往到東歐旅遊的我，躍躍欲試。正在樂昏頭之際，經由姊妹淘們表決，建議日後跟媳婦更加熟稔之後方才一起旅行，免得破壞年輕人的浪漫氣氛，我立刻從善如流，沒有跟去當電燈泡。但Grace並未放棄表達孝心的機會，不久又告訴我她服務的公司要辦員工旅遊，目的地是我也喜歡的日本，打算邀我一道去。我當然開心之至，但因已安排好到德國探望女兒一家，方才作罷。

籌備婚禮很重要

等到籌備婚禮時，據說很多準夫妻會因忙不過來或意見不合而吵架，所以我就盡量分擔自己能幫忙的部分。也偷偷問兒子：「有沒有吵架啊？」兒子答：「Grace那麼客氣，吵不起來吧！但我講話也要小心些，免得人家受委屈。」看樣子，兒子是「愛妻一族」，兩人又很認真地上完教會的「婚前輔導」課程，非常有誠意要建立基督化家庭，讓我對他們的婚姻美滿大有信心。

曾有親友因婚禮細故而致雙方家長不愉快，我切盼能夠避免。當時和準親家、親家母不熟，來往的對象也無交集，若合辦婚禮及婚宴，可能要溝通的細節太多。最後決定婚禮在教會舉行，由男方主辦；婚宴則男方辦一場，隔日女方歸寧辦一場。很幸運的是，我們的親家、親家母都知書達禮，辦起喜事互相尊重，皆大歡喜。印象深刻的是，在新娘歸寧宴上，Grace的一位長輩上台致詞時，誠懇地說：「我知道新娘非常孝順自己的父母，我鼓勵妳在婚後更要加倍孝順公婆。」讓我聽了感動莫名。

住在一起好不好

因爲兒子是獨子，女兒又遠嫁德國，許多朋友問：「兒子結婚後還是跟你們一起住吧？」我答非也。因先生和我尚未老到需要小輩照顧的年齡，讓年輕人自己住，不是比較自由嗎？對他們婚後的感情與適應也有益處。兒子在接受婚前輔導期間，誠實向我表明：「如果有一天，您和爸爸之中有一個人先不在了，我們會搬回來一起住。」他善意表示以後不會讓兩老落單，可沒想到傳統的華人不會講得這麼白。幸好我「深明大義」，也就不以爲忤，反而瞭解他們的貼心。

值得一提的是，我這新手婆婆之所以作得輕鬆，最大的功勞是親家與親家母。親家是大學教授，非常疼愛女兒，也因此兩位千金都十分甜蜜可愛。親家母是退休小學老師，教女有方，女兒們不僅是才女也是乖乖女，在職場又表現傑出受歡迎。媳婦每次來看我們，都會自動到廚房幫忙，可見母教成功，讓我欽佩與感謝。據說親家母打電話給Grace時，一定問她有沒有煮好東西給女婿吃，讓我聽了窩心。雖然Grace覺得媽媽有點嚴肅，但我認爲應該說親家母是認眞成功的老師和媽媽。

新手婆婆的期望

兒子婚後，我對他們唯一的要求是請他們週末回來聚餐，並參與家庭禮拜，延續家裡的慣例。家庭禮拜時間不長，輪流主持，或唱詩、或讀經、或分享屬靈書籍，最重要的是對上帝獻上感恩，家人也能彼此關心代禱。我希望不流於形式，能夠蒙受上帝的喜悅與賜福。很高興媳婦與我有志一同，十分樂於做家庭禮拜。

Grace很謙虛，曾說我把作妻子和作媽媽的水準提高了，讓她有點小小的壓力。看樣子，我這新手婆婆尚有待改進的空間哩！

註：〈孔雀東南飛〉為樂府雜曲歌名。敘述漢代小吏焦仲卿與妻劉蘭芝的殉情故事。起因於焦母惡待趕逐媳婦。

李氏櫻桃

二〇〇七年春節，當時八十七高齡的老父，送我一盆他在樓頂陽台親植的小品盆栽，名叫「李氏櫻桃」。我放置在向陽的案頭，隨它細細的粉紅花朵開了又謝、謝了又開，那生意盎然的綠葉早就自由發展，不復原來的造型，反而變得野趣橫生；所以一直未被只會澆水、並無「綠手指」的我淘汰。

丈夫事業順遂的大推手

每當獨坐桌前端詳著它時，我所懷念的不僅是在南台灣養老的父親，也細想著離世多年母親的一切。母親本姓李，但不知何時，所有的證件上都已改成父親的姓，以致我時而會忘了她是「李氏」哩！母親婚前，曾經是身材高挑、頭腦聰明靈活的鄉下大地主女兒；然而生長在重男輕女的時代，哥哥可以到日本留學，她卻沒有機會。是否認爲改了夫姓，一切夢想可以成眞呢？

果然，她是丈夫事業順遂的最大推手。一九四五年台灣光復後不久，她就清楚日治時代的文官資格與學歷已經無用，所以一知警官學校招生的消息後，立即鼓勵在警界服務的丈夫，一定要赴台北就讀。不論作丈夫的如何捨不得妻兒，她仍抱著襁褓中的我，硬將父親送入北上的火車；自己則咬緊牙關，帶著嬰兒到婆家與公婆姑叔同住。之後的三十多年間，為了配合父親工作的調動與升遷，全台灣東西南北搬家就搬了十六次，其辛苦可想而知。成果是父親的「官位」是當年台籍警官的上限，在親友間頗為風光。

樣樣精明的母親

但母親知道，純「清官」的日子無法栽培四個孩子全受高等教育，甚至留學。因此在我十一歲時，祖父去世後，她就決定親自到鄉下婆家「拼經濟」；幾個孩子則和父親同住警官宿舍，飲食起居有佣人照顧（那時佣人工資很低，公務員都請得起）。沒有種過田的母親遂訂閱《豐年》雜誌，從頭學習熟悉農事，待上軌道之後發現種田利潤太低，又逐步改種水果……；拼了十年才有小康的家境。兩個女兒念台大，一個女兒念東海音樂系，兒子讀成大電機研究所，媳婦也是成大畢業，這在當時算是教育頗爲成功了。加上女婿們都是國立大學碩士或醫學士，母親在客廳牆上掛了八張戴著學士及碩士帽的兒女婿媳照片，展現她半生辛勞的成果。

物質上沒有吃過苦的我，覺得母親眞是太俗氣了，也很反感於她樣樣都要我們第一的要求，例如考學校要考上第一志願，高中畢業之前成績要班上前三名，否則就會逼我們補習等等。我和大妹自小奉母命離家求學，加上母親好強的期待，成長期間，的確沒有機會與她建立正常溫柔的母女關係。小妹雖在家裡住到上大學，但父母親不是在忙公務就是在拼經濟，雖給我們不愁吃穿及受教育的環境，但提起當年的寂寞與經常遷居的流離，依然不勝唏噓。直到年紀大了，才知自己比母親「好命」太多，總算產生了些同理心。

母親如果晚生三十年，應該不用改姓。她若從商，必是成功的女企業家；若從政，或許可以選上立法委員。何以我有此推測？其實由個性堅強能幹、事業心重、較像母親的大妹身上，即可看出端倪。母親爲了幫夫而擔任婦女會長的那幾年，地方民代及官員都對她十分敬重；在婦女群中人氣之旺，也讓我歎爲觀止。只是天生老實的我，完全不像她那麼精明，應該令她很遺憾吧！我到了二十二歲信主後，拘謹閉塞的心胸方才逐漸寬闊。

雲淡風輕的憐恤與感謝

母親很喜歡「管」我，可能是覺得我不夠「厲害」。四十五歲時，我終於醒悟：自己的個性和婚後的家庭，應該和她不同調，如果一輩子都要由她過度「關心」，並非彼此之福。當我如此表示之後，時已六十六歲的她，似乎無法接受。我勸她：「媽，您對兒女已經盡過責任，如果能清心信耶穌，和爸爸共度愉快的晚年，不是更好嗎？」所幸幾年後，腦筋聰明的她終於想通，和父親一起受洗歸主了。母親七十七歲離世是因突然心肌梗塞，以致完全沒有麻煩家人侍奉湯藥，連身後事都早就安排妥當，的確很「厲害」。

多年前，曾讀過一位日本女作家所寫的懷母文章，頗有感觸。她在母親的忌日單獨赴京都東王宮觀賞紅枝垂櫻，因爲那是她與母親同遊的快樂回憶。可惜我和自己的母親之間，從無這種風雅美麗的共同記憶。

案頭陪伴我將近兩年的「李氏櫻桃」，提醒著母親曾爲我劬勞的恩惠。至於殘存內心的些許怨懟，也不知何時，化爲雲淡風輕的憐恤與感謝了。

複製DNA

當今的社會，每逢名商巨賈去世，便有聲稱其骨肉者出現，要求認祖歸宗或分享遺產。結局不是私下和解，就是對簿公堂。最糟的是驗出DNA不合，變成詐欺犯，只好鋃鐺入獄了。

DNA代表遺傳。遺傳、環境加上努力，常是決定人一生成就的最大因素。尤其是遺傳，更顯出上帝創造的奇妙。例如我，就延續了父親大部分的長相與個性；若非男女有別，目前的我，應該和二十多年的父親，一模一樣吧！

複製父親的DNA

父親有一對明亮的雙眼皮大眼睛，一張年輕時清秀、中年後端莊體面的臉容。我在青春期喜歡照鏡子的時候，發現自己也有此優點，後來丈夫承認是被我的大眼睛所吸引，還說當年我眼神溫柔美麗，如同一九六〇年代走紅、長相甜美的日本電影紅星淺丘琉璃子。如今老父已八十九高齡，眼皮早就嚴重下垂，有一眼因視網膜剝離失去視力，另一眼則剛動過白內障手術。年過花甲的我也不遑多讓，雖視力尚佳，但十多年來擦了再多眼霜，也無法挽救眼皮每況愈下的皺摺。唯有常以「外體雖然毀壞，內心卻一天新似一天」（哥林多後書四章16節）自勉，盼望有朝一日能散發智慧慈愛的眼神。

父親步伐穩重，我走路也慢條斯理。小時候，據說從背後看過去，父女姿態一模一樣，以致常被性急的母親催促。婚後，同樣性急的先生與我同行時，乾脆自己疾步前走，把我拋在後方，顯得我好像是個賢慧順從的妻子。走路慢的人，脾氣溫和，擅長忍耐；但父親與我都有個工作快速、積極進取的另一半，表示我還遺傳了他選配偶的眼光哩！我們父女與世無爭、忠厚老實守本分，幸而上帝都安排了務實努力的配偶，才能在競爭劇烈的社會中，安身立命。

喜愛閱讀擅長考試

父親很愛看書。每逢出差到台北，就會買書回來送我，這在文化事業不發達的年代，是很大的禮物。尤其難忘讀初中一年級時，平日只能借到小說讀讀、翻翻唐詩宋詞吟哦一番的小女孩，竟然獲贈爸爸從台北帶回來的《胡適文選》！自此開啓我對文史哲學的興趣。

唸高中時，我曾在鄉下老家父親的舊書中，翻到一本日治時代出刊，由台籍作家所寫的漢文小說；同樣是愛情故事，其清麗風格卻迥異於彼時抗日反共的流行風，令我為之驚豔。如今的我，因而體會文字影響力之大，尤其在尚無聲光媒體的年代。

高三那年，「三民主義」爲重要學科，係大專聯考必考科目。當我感到課本枯燥乏味而讀不下時，父親在舊書中，找來民國二十年由上海書局出版的孫中山先生《三民主義演講實錄》，供我參考。由於比學校的教科書淺白精彩太多，在融會貫通之後，「三民主義」居然成了我的強項，考試屢獲高分，也是能夠進入台大的原因之一。我雖不常有機會和父親溝通，但兩本舊書，已經讓我們之間，產生些許思想的交流了。可惜我看不懂那幾期日文的《文藝春秋》，否則應該更了解父親的內心世界。

父親除了奉公守法，工作認眞負責之外，尚有兩樣特點：一是語文能力，二是擅長考試。受日文教育的他，能夠很快地轉換爲中文，講起華語毫無周遭環境的閩南腔，也無家鄉的客家腔，只能說是天分。父親寫文章毫無困難，比起台灣光復後久久不能適應的文人，更是何其有幸。這一點我應該也複製了爸爸的DNA。因我學習各種語言，似乎都沒有什麼腔調，令人無法猜測我的籍貫，作文比賽也常得獎；每逢聯考，總是很幸運地考上第一志願。而父親連連參與全台警務人員考試，也總是前三名，應該有助於他的「升官」吧。

屬靈的DNA

娘家客廳牆上，懸掛著他大約五十歲時的放大彩色半身照片，穿著三線二的警官制服，英俊瀟灑、意氣風發。然而，可能因與他共同奮鬥大半輩子的母親，已於多年前離世，無老伴可共鳴，也就聽不到年已九旬的老父話當年了。每週去電問候父親，也由於他聽力稍減，我的問候聲愈來愈大。他每個禮拜天會按時到教會做禮拜，我也依照他的期望爲他禱告：身體健康、心靈平安、諸事順利。有時我出功課讓他做，請他老人家天天爲兒孫禱告。老人的禱告和小孩的禱告一樣，特別蒙上帝垂聽，去年就有三個孫兒女順利嫁娶，今歲又要四度作「阿祖」（曾祖父）啦！

回首前塵，自己能夠通過人生的種種考驗，除複製了父親給我的DNA，加上母親的鞭策之外，尤其寶貴的是：信主之後，上帝賜我屬靈的DNA，以致可以更有信心、更有愛心、更有盼望地步向入永生之道！

伊莎貝兒

伊莎貝兒的爸爸是德國人，所以取了個洋名字。照理說，她是我的外孫女；但女兒認為孫女豈有內外之分，因此順理成章，她就成了我的長孫女。

等了快十年

想當年，女兒和女婿婚後立意當輕鬆的頂客族，說是這年頭養兒育女不易，投資報酬率一定是負成長，打算兩夫妻逍遙一輩子。也難怪，女婿在金融界工作，用金錢數字計算絕對划不來；何況這年頭也不時興養兒防老，尤其在歐美。但為何又有伊莎貝兒的出現呢？

二〇〇五年，他們兩夫妻返台探親時，老伴私下對女兒諄諄教誨：「女兒啊，一個家庭沒有小孩子，好像不成個家耶！」我也跟著敲邊鼓：「據我觀察，原先打算不生小孩的夫妻，四十歲以後都後悔了，到時生不出來，或成為高齡產婦危險群，更麻煩。」說歸說，還是勸他們好好向上帝禱告請益。果然，一回德國，女兒就捎來有孕的訊息！

女兒二十五歲結婚，女婿是獨子。德國親家母盼孫盼了近十年，如今聽說媳婦懷孕，高興得流下淚來。我們兩老在台灣也是歡欣鼓舞，差點發帖子昭告眾親友。

德國坐月子

興奮之餘，我第一個考慮到的，就是女兒產後坐月子的問題。德國人沒有坐月子的觀念，我也無法遠渡重洋去照顧，因此透過蘇牧師介紹，在德國找到一位大陸去的太太願意幫忙，卻因「龜毛」的女兒說不習慣外人而作罷。她自己則上網查好六週的坐月子餐，意圖請女婿屆時全權掌廚並照顧妻兒。我暗忖女婿工作忙碌，怎有可能？最後協調為產後女婿請假三週（德國男士可請產假），後三週再由親家母來幫忙。

舉凡德國買不到的月子食材和藥材，甚至洗澡用的草藥，還有燉雞的十人份大同電鍋（德國雞比較大隻），都由台灣寄去支援。最後我再半恐嚇、半強迫地，要她提早請個清潔工定期打掃房子，準外婆方才安心。（女兒又說不可以稱外婆，必須用台語叫「阿嬤」。）

阿嬤靠邊站

搞得台德兩地雞飛狗跳的第一個寶貝孫女伊莎貝兒，終於在二〇〇六年二月二十四日降生了。她的媽媽時年三十五歲，正好跨過高齡產婦的門檻，人生的方向也改變了。過去十年，女兒每週打電話回娘家問候，第一個必定找我，母女倆聊天三小時不爲過。雖然作爸爸的在旁邊聽了嫌煩，節儉的他又恐女兒多花電話費，殊不知我享受女兒的孝心是多麼愉快！

但自從伊莎貝兒誕生的第一天開始，我在家族的地位從第一變爲第三。因她打電話的第一動機，就是找爸爸（資深小兒科醫師）諮詢，連德國醫生要爲孫女打卡介苗，都要越洋來電問過「阿公」才准注射。如果找不到爸爸，第二志願就找弟弟，那時他還是小兒科住院醫生。等到產後大約一週，方才想到要跟我聊她那艱辛痛苦的產程。

伊莎貝兒是混血兒，長得漂亮可愛，大大的眼睛、長長的睫毛，勝過她美麗的媽媽。女婿自從有了伊莎貝兒之後，十分後悔沒有早點多生幾個。再怎麼忙，上班時間都要抽空打電話回家問候致意，只恨不能辭職在家當奶爸；下班後更是樂於全程照顧。可能由於女兒懷孕前幾年就開始非常注意飲食、運動，吃的都是有機食物，加上認眞餵母奶長達十一個月，直到孩子自動斷奶爲止；所以孩子健康又聰明，嬰兒時代就表情十足，逗得兩夫妻心甘情願承受育兒的辛苦。

抱孫三部曲

孫女兒半歲的時候，我千里迢迢到德國漢堡抱孫去，羨煞了尙無孫兒女的姊妹淘們。這個年齡的嬰兒尙不認生，喜歡有人抱，所以那兩個禮拜，我從下飛機抱到上飛機，不亦樂乎！但因我有退化性關節炎，不能久抱，便問女兒有何方式「取悅」這個第一孫女。她說伊莎貝兒喜歡聽音樂，我只要表演唱歌就可以了。所以我從台灣帶去三首歌，打算獻寶。第一首是兒童詩歌〈耶穌愛我〉，第二首是台語現代詩歌〈若是有祢在我生命中〉，第三首則爲膾炙人口的美國民歌 *You are My Sunshine*。我這阿嬤常找機會對著小丫頭獻唱，終於發現伊莎貝兒最捧場的是曲調輕鬆優美的 *You Are My*

Sunshine，果然音感好。

隔年四月，德國親家母、女婿和女兒三個大人，護送孫女第一次來台探親。十四個月大的伊莎貝兒顯得更加靈精活潑了，短短兩個禮拜，帶給台灣的阿祖、阿公、阿嬤、阿舅、小舅舅、小舅舅的女朋友……一番興奮。照理說她應該會走路了，可是由於過度謹慎，好強怕摔，只肯扶著牆壁，或者就地迅速爬行，似乎在磨練她那性急媽媽的耐心。所幸某一天，於台北眾長輩起鬨、拍手、喊口令的熱鬧氣氛中，伊莎貝兒終於放手走出她人生的第一步。長輩們熱烈鼓掌、讚美不絕，好似其成就遠遠超過阿姆斯壯登陸月球！

二〇〇八年八月底，我辦完兒子的婚事，心情輕鬆地飛去探視已遷居法蘭克福的孫女兒。伊莎貝兒時齡兩歲半，情感及學習的需求更大，女婿跟女兒更加忙碌了。爲了訓練伊莎貝兒能用中文溝通，女兒單獨和她在一起時，總是使用華語，所以一般的生活會話，她已經可以簡單應答了。另外由於德國奶奶的調教，伊莎貝兒的德文程度甚好，偶爾說出 **Nicht zu fassen**！（德文的「眞是太不可思議了！」）之類的話，引得大人們瞠目結舌。有時則煞有介事地將中文故事翻譯成德文給她的德國爸爸聽。

好學的孫女

伊莎貝兒的興趣是看圖畫書，聽講書裡的故事，欣賞音樂，十分好學。吃飯時她要點歌，有一次點的居然是韓德爾《彌賽亞》神劇的〈哈利路亞大合唱〉，把餐廳當作教會。又由於女婿的教會朋友中，有位歌劇男高音，顧念小朋友無法看正式演出，特別邀請我們一起到歌劇院觀賞莫札特的《魔笛》預演；沒想到小人兒看得津津有味，兩小時後才表示要離開。之後她時時跟著CD哼唱《魔笛》裡的選曲〈快樂的捕鳥人〉，讓阿嬤自嘆弗如。

伊莎貝兒的音樂水準如此高，我的 *You are My Sunshine* 還繼續派得上用場嗎？只好使出渾身解數，唱歌兼跳舞，不畏關節疼痛與孫同樂，順便運動。加上這回我帶去一本《天烏烏：台語兒歌》選集和CD，每天輪流教她唱，她非常喜愛，證明有台灣血統。如果阿嬤表演得精彩，還會鼓掌歡呼：「再一次！」

有時像天使，有時……

她總是個幼兒，雖然大部分時候像個小天使，但不順心時除了鬧鬧她的父母外，對阿嬤也有過不客氣的時候。有一天早上，我不准她在床上亂跳，以免重蹈覆轍摔跤送急診，她居然敢對阿嬤「嗆聲」：「阿嬤回台灣！」我問：「媽媽不在誰陪妳？」她有恃無恐：「德國奶奶會來。」我趕緊向女兒告狀，請她好好管教。

感恩與喜樂

今年春天，伊莎貝兒再度訪台兩週，眾長輩可是熱鬧了。阿公教她幾句台語，阿嬤鍛鍊身體……。想到兒子媳婦今年也要為我們生第一個孫子了，內心充滿對上帝的感恩與「代代傳承」的喜樂。

後記：真高興二〇〇九年再添一孫Jarren之後，二〇一一年又得一孫女Jessie！

送行

觀賞完本屆奧斯卡最佳外語片《送行者》之後，不禁憶起自己的送行經驗。

祖母

祖母去世時，我大約十三歲。屈指算來，父親也年僅四十左右，所以祖母應該是在六十多歲的某天夜裡，溘然長逝的。五十年代的台灣鄉下，醫療水準大不如今，也無全民健保，甚至連白內障手術這種名詞都未聞。晚年眼盲的祖母，在喪夫以及兒女都出外嫁娶的情況下，雖有我的母親在旁照顧，卻必然十分寂寞。

能幹的母親打電話來通知父親時，已經將喪事安排妥貼了。父親帶著四個小孩回鄉參加告別式。我們在民間道士的指引之下披麻戴孝、跪拜，甚至繞棺爬行。吹吹打打的音樂中，氣氛熱鬧又覺得莫名其妙。

眾親屬一路徐行跟著棺木到墓地時，完全由道士先生指揮何時應開始哭，何時應停止哭。看到有一些親戚完全配合指令，我的小小心靈感到匪夷所思。我只在幾次寒暑假回鄉下和祖母相處過，時間不長。記得她是忠厚慈愛的長者，但因已眼盲數年，小孩子不懂事，也就沒有互動。這一次的送行，我唯一感到眞實的是，父親泛紅的眼眶。

過了幾年我讀高中時，第一次參加喪禮的經歷仍未從腦海中洗刷，尚且投稿到校刊《南女青年》，敘述我的觀察與感受。記得那篇文章的題目就叫〈出殯〉。文中提到不能理解為何在墓地等候入土時，有些親朋居然可以在一旁談天說地、笑語連連；也難忘從墓地回到老家曬穀場搭起的臨時帳棚下時，已聚集了許多來幫忙或沒幫忙的鄉人，大吃大喝一番。除了服裝一片灰黑之外，似乎和婚宴沒有太大的差別。

母親晚年改信基督教。據說動機之一是比較欣賞教會婚喪儀式的眞誠與簡約，還有對離世者的愛心與尊重。

妹妹

一九九五年夏天，妹妹莉因胃腺癌，以四十三芳齡告別人間。從發現罹病直到那日，總共經歷了三年八個月的抗癌歷程。

大約在離世前半年吧，她就將身後事交代清楚了。包括希望直接從安寧病房盡速送到火葬場。又因唯恐父母過度哀慟，吩咐不用通知他們，只要之後幫她寄去遺書，表達對親恩的感謝即可。所以從入殮儀式到火葬場，都只有少數幾位最後陪伴照顧的親人同往。

我問她：「要不要辦追思禮拜呢？」

她想了一想，覺得追思禮拜是爲活著的親朋辦的，所以答應了。她要我找間容納一百人左右的小教會，請年輕時就認識的李牧師主持。也希望我在典禮中，爲她表達心聲與懷念。

我完全按照她的意思爲她送行。追思禮拜後的兩三年間，常有她大學時代的同學，主動和我聯絡，向我訴說他們對莉的思念與感激。也有她的鋼琴學生，寫文章在報上表達對一位具有溫柔愛心、又擅長因材施教的老師之懷念與謝忱。

與莉一別已有二十年，回想起來，內心深處不是悲涼，反而是平安與力量。這是我一生最正面的送行經驗。

母親

母親的離世十分突然。雖然當時年已七十七，但她生命力一向堅強，而且家族中年過九十者不乏其人。怎會料到，就在某天晚餐後突然心肌梗塞，一低頭，不再醒轉。

救護車送到醫院後，醫護人員努力做著盡人事的搶救。應該說，母親已經到「息了地上勞苦」的時候了。兩天後，我和先生趕回南部醫院的加護病房，才知道早就回天乏術。

母親是計畫周詳的人，也曾安排好一切身後事。她在數年前受洗歸主，所以順理成章地，她的告別式就是追思禮拜。這樣的人生終點，也算是心想事成了。為母親送行，全由父親和弟弟安排。我因住在北部，距離遙遠，情緒的翻動也較平靜。

有一天在天上再見

隨著年歲的增加，為親朋送行的經驗更多了。每次都感受到「與哀哭的人同哀哭」的同情與支持，但仍不似前三位近親的離開對我影響之大。而每每在告別式中，才能聽到最多對往生者的讚揚；以致讓我提醒自己，這些好話應該多對活著的人說。

有一天，輪到自己被送行時，希望大家心裡會這麼想：「鹿溪眞是有福氣的人，雖然我們捨不得她離開，但是感謝上帝，有一天會在天上再見。」

輯五

熟年歲月

晴天霹靂

二〇一〇年十一月十七日下午，正在醫院等待乳房X光攝影的結果。我期望答案是：

「沒問題。」跟往年一樣。

「有個小小的鈣化點，沒關係，再觀察……。」最糟就是這樣吧？

出乎意料的答案

未料這回等到的卻是——先生帶著悲傷、疼惜的眼神，過來拍拍我的肩膀。原來確定得了乳癌！對他而言，這不幸的消息誠然如晴天霹靂。因爲小姑多年前就是延誤乳癌治療而病逝的。我自己熟識的幾位癌症親友，有的已經痊癒，繼續更好的人生；有的折騰多時，終究離開世界。我的境遇會是如何呢？

幸而此刻的心情，沒有憤怒，也沒有懷疑 Why me?（爲什麼是我？）；沒有驚嚇，也沒有傷感，只是腦筋暫時一片空白。回神過來之後，一句話溫暖地浮上腦海：

「在這世界有苦難，但在主（耶穌）裡有平安。」——這是我的信仰。

不看醫生不行

其實一個月前，就發現左乳頭突然塌陷。那時心想：是年紀大了嗎？也因正忙著海內外三代要南下慶祝父親的九十大壽，隔天又要主辦婆婆九十四壽宴等諸事，沒有想到要立刻看醫生。自己上網查了一下，得到的居然是烏龍答案：「要開美容刀」！讓我啼笑皆非，也就誤以為不是甚麼大問題了。

待所有的喜慶活動結束，心裡隱約覺得不看醫生不行，果然一檢查就是壞消息！而且從先生的臉色看來，似乎病況不輕。之前曾自我檢查，卻從未摸到任何腫瘤，乳房攝影和超音波也是年年都做，還是「中獎」了！唯一比較可能的原因，是不是我四十三歲做完 Hysterectomy（子宮卵巢全切除）手術之後，由於 Sudden Menopause（更年期突然來臨），導致荷爾蒙不足，以致必須長期補充荷爾蒙之故？據說長期服用荷爾蒙會有得乳癌的風險，然而醫界眾說紛紜；停用的話又造成十分嚴重的更年期症狀，只好心驚膽跳地減量服用。如今可能因服用太久（超過二十年），以致出了問題吧？

非接受治療不可

急如星火的先生，立刻安排我兩天後（十一月十九日）請乳房外科C醫師親做進一步超音波及切片檢查。C醫師是一位視病猶親的好醫生。他一邊做超音波，一邊回答我的無厘頭問題。例如：

「搞不好只是乳腺發炎啊？」

大概怕我太擔心，他居然也同理一番。如此隨意猜測，與其說是在自我安慰，不如說是想安慰煩惱不已的先生。但先生自己是醫生，怎麼可能「騙」得過他？身爲「醫學倫理委員會」委員的他，曾在開會時多方討論與斟酌：「重病的訊息該如何說？何時說？向誰說？說到甚麼程度？」如今這些壓力全部傾倒在他身上……。

其實還蠻嚴重的

總而言之，進一步檢查的結果沒有任何僥倖。我被診斷出罹患了第三期乳癌（Advanced Breast Cancer）。爲什麼之前又查不出來呢？原因之一是這型乳癌比較少見，是所謂的「大葉型」，很難藉著觸診立刻查覺。不像「管狀型」，用手自我檢查也可能摸得到。所以一發現情況有異，我的腫瘤就已經長到六公分了！

幸而還不到末期，醫學上仍然有辦法，這讓我保持鎮靜。未來的一年，我必須經歷一些辛苦的療程。我能堅持到底嗎？想到有兩位朋友，因親人的建議，得了初期乳癌後卻不願意接受正規治療，只採用養生的自然療法，以致於三年內都去世了，眞可惜啊。以她們的病況，如果好好治療，再健康活個十年甚至二十年都有可能。所以再怎麼辛苦，爲了愛我的親友，都要好好頤養天年！

請祂給我一句話

想到未來會是必須努力接受抗癌治療的一年（或以上），十分需要上帝賜我力量來度過。因此我仰首望天，默默祈求祂給我一句話，祂也立刻仁慈地賜下：

「上帝使萬事都互相效力，叫愛上帝的人得益處。」（聖經羅馬書八章28節）

多麼熟悉的一句經文啊！提醒我縱使之後遇到治療上的不適與困難，都必須堅持繼續愛上帝！這一場病才不會白得，美好的後果也才會發生。

心湖陡然一片清明。因爲「化咒詛爲祝福」，一向是我人生中時時經歷的恩典。

當你所愛的人病了

知道自己得了癌症之後，親愛的家人對我付出不同的關照；使得習慣爲家人付出的我，體驗出另一種幸福。

丈夫的告白

我不驚訝，先生會因我的病而認眞去探聽哪個醫生好，哪種治療方式最有效……，因爲那是他當醫生的基本習慣。但有一件事，讓我大大驚訝——

乳房外科C醫師問我，是否切除乳房後要重建？因爲兩者的開刀法會有小小的不同。

「都已經六十六歲，我看還是不用了。」我斬釘截鐵地以爲。

細心的C醫師要我仔細考慮再說。大概會有病人決定不做，之後又後悔了。

先生覺得此事和救命比起來，事實上是完全不重要。終於忍無可忍地插口宣佈：

「我愛妳就夠了，重建甚麼？」語氣急迫而激昂。

在場的人一片安靜。大家聽到的是：「不需要重建。」我聽的卻是：「我愛妳就夠了。」

唉！結婚四十一年，老派的先生從來不說「我愛妳」之類的肉麻話，認爲會甜言蜜語卻有外遇的男人多多。如今他不開口則已，一開口就是在別人面前向我告白！我在飄飄然之餘，完全忘記自己得了有點麻煩的第三期乳癌。

大妹和女兒

二〇一〇年十二月二日住院動手術，到了十二月六日出院那天，大妹瑪格麗特準時來到醫院接我回家。本來她是住在美國的，那段時間回高雄幫忙照顧九十歲老父。聽說我病了，便拎著皮箱搭高鐵北上，打算看護我一星期。

我們有四十年沒有生活在一起，若非上帝安排五個月前同遊南歐，我也不會想到由她來照顧我吧？

手術後是身心最需要呵護的時候。瑪格麗特住在我家一週，自稱護理長，爲我打點一切；也訓練新來陪病做家事的阿香，讓我安心休息，讓先生繼續上班不受影響。姐妹親情，在這個禮拜之內，表露無遺。

一週之後，女兒「拋夫棄女」，從德國千里迢迢飛來台北接班。她除了要適應旅途後的勞累與時差問題、照顧我的身體需要之外，和大妹瑪格麗特一樣，隱隱約約擔心著治療是否順利。然而，姨甥兩人都常在我面前講講笑話，帶我苦中作樂一番。眞是難爲她們啊！

每天晚上，女兒會用個二十分鐘，和女婿及孫女 Skype 視訊聊聊，免得兩邊掛心。這時，我眞有點後悔，讓女兒嫁那麼遠！因爲兩週之後她就得飛回歐洲了。

兒子遷居

兒子本來住在淡水，離我家約有四十分鐘的車程。自從得知我生病以後，先生就常和他商量醫療問題，並幫忙跑醫院諸事，非常忙碌。

先生心力交瘁之餘，打電話要兒子趕快搬來附近，幫忙照顧媽媽。兒子二話不說，立刻打聽。透過我的好朋友 Elizabeth 相助，一天之內，就在離我家步行三分鐘之處，租得十分合適的住宅。只能說是上帝的巧妙安排啊！

那時他家有幼兒，媳婦正懷第二胎，還要忙搬家，眞是不容易。我非常感謝有如此孝順的兒子媳婦。尤其是可以常常看到活潑靈巧的孫子，成爲療病時期的「治療師」和「開心果」。不久，他們又添了個可愛的小女兒。含飴弄孫之樂，對我的康復加了很多很多分！

外甥的陪伴

從小和我們同住的外甥，婚後也住在附近。他們夫妻工作十分忙碌，每天晚上回到家都將近十點了。然而知道我生病以後，就不時打電話問安或和外甥媳婦同來探訪。兒子沒空時，他也會勉力請假陪我到醫院。週末他需要休息，卻常撥出半天載我到後山走一走……。他和兒子就像親兄弟一樣，讓我在病中尤感安慰。

相繫深深

教會的恩慈執事送來一本書，書名是《相繫深深：當我所愛的人病了》。這本書的作者係生前居住香港的楊牧谷牧師，曾經寫過數十本與信仰有關的書籍。而這一本則比較特別。書中敘述他女兒得了紅斑性狼瘡之後，夫妻如何照顧孩子身心的第一手經驗。

楊牧師認為除了在醫療上需要找到好醫生，與之溝通配合之外，病人的心靈健康尤其重要。親人生病時，最渴望的是傾聽與陪伴；且言語上一定要帶給病人盼望，不要講出使其沮喪的話。

在他們夫妻倆細心的照顧之下，女兒順利長大，大學畢業也能工作了。除了出門需要撐傘做好防曬措施之外，生活與健康的人無異，尚且比未生過病的人多了幾分靈慧。

掩卷之餘，一面感謝贈書者的情意，另方面也惋惜不能早早讀得此書，否則必定更能體會罹病親友的心緒，給予多些溫暖吧！

求助有門

「先生和兒子都是醫生，妳一定會得到最好的醫療。很快就會康復的！」好心的朋友們聽說我得了乳癌，都如此安慰我。

如果是這樣，爲何先生神情十分沮喪，兒子也不再跟我鬥嘴。他們都是兒科醫生，對我這老太太有辦法嗎？

何處覓得德術兼備、又不能太累太忙碌的乳房外科醫生？

先生說，就找C醫師好了。他的口碑好，而且治療之後的追蹤（Follow up），讓同事和病人都極爲讚賞。我沒有意見，因此時的我，一切靠先生安排。

尋覓良醫

C醫師認爲我患乳癌的最大原因，應該是長期服用女性荷爾蒙的緣故。他打算先用抗荷爾蒙藥劑 Femara 治療三個月，若腫瘤明顯縮小，再來開刀。手術後繼續抗荷爾蒙療法。那就可能不用化療了。

眞的?不用化療?傳聞中化療很辛苦，說不定比開刀更難過。太好了，我鬆一口氣。先生兒子也點頭稱是。到底他們是兒科醫生，只能謙虛地傾聽乳房外科專家的看法。

但另外一位兒科醫生，可沒那麼放心。T醫師是多年好友，也是一位優秀進取的兒科女醫師。三年前她得了初期乳癌，治療期間還冒出肝臟發現腫瘤的驚嚇（以爲癌細胞轉移了）！手術後方知，肝臟的那一顆腫瘤是良性的。她很關心我，提供我許多醫療資訊，比較贊成早早割除病竈（灶），去之而後快！

「我覺得必須請教 Second opinion。」T醫師認爲第二意見很重要。

「可以請教誰呢?」

「爲我開刀的H教授很有經驗。他在T醫院。」

第二意見

因我的病況而忙得心力交瘁的先生，想到要去另一家醫院，所有的事情又得重新安排，不擅社交的他，眞是加倍頭痛。如果兩家醫院的醫生，意見完全不同，又該選誰主治呢？

我只能把這件事「交託」禱告上帝。因爲先生壓力已經夠大，所以也不敢 Push 他去安排T醫院的事。

想不到第二天先生下班回來，竟然很高興地說：

「今天下午開會，T醫院的院長正好坐在我旁邊。我趁機向他請教H教授的背景與實力。他大力推薦，而且立刻打電話聯絡。已經約好H教授明天中午見面，討論妳的情形。」

上帝的安排多麼奇妙！

中午禁食

討論病情是利用H教授的午休時間，在他的辦公室。先生計畫帶著我、兒子、T醫師，和一大本病歷、一大疊檢查結果，去請教。

我則打算在家提前用午餐，再到T醫院與家人會合。但不知何故，就是完全沒有胃口，所以決定禁食禱告。禱告畢，打電話給三位信任的牧師，請他們爲當天中午的面談代禱，因爲這會是決定治療方向的關鍵時刻！我期望家人最後都有共識，做出最正確的決定，不致三心兩意。

平常不容易聯絡到的三位牧師，居然都親自接電話，也都在電話中爲我禱告了。終於放下忐忑的心，平安地赴約。

平安決定

H教授邀來負責化療的L醫師，在旁一起討論。反正專有名詞我聽不懂，就乖乖坐著，默默祈求上帝的引導。討論得差不多了，先生終於篤定地宣布：

「那我太太就麻煩H教授來主治了。」似乎他心中的石頭陡然放下。

我也感到平安。雖然知道過來就要經歷左乳房全切手術、化療、電療、標靶治療，以及抗荷爾蒙治療……。

貴人相助

至於如何面對主張不先開刀的C醫師呢？

他費心費力爲我檢查下診斷，每個環節都細心考量。如今我們卻選擇另一家醫院，另一位醫師，另一種治療過程。但是他一點都未表示不悅。反而說：

「黃醫師（先生）對我有恩。有甚麼需要，都還可以找我。」

我問先生，C醫師又不是你的學生，他的孩子也不是你的病人，怎麼會說你對他有恩呢？先生說他也不記得了。

回想從前，我們常在面臨困難時，就會遇到「貴人」，得到類似「善有善報」的後果。雖然到現在，先生還是不知道他對C醫師幫過甚麼忙。

之前的一切疑慮，很快地塵埃落定。十二月二日就要動手術了，是左乳房全切，還要切掉一些癌細胞可能擴散到的淋巴組織……，然而我一點都不害怕！

有人在爲你禱告

明天早上（二〇一〇年十二月二日），就要開刀了。

由於突然發現罹患乳癌第三期，主治醫師H教授認爲事不宜遲，緊鑼密鼓地爲我安排左乳房全切手術，還要儘量多挖一些淋巴結，因爲已有癌細胞轉移的現象……。

開刀前夕

H教授下班前，特別過來病房探視一下，和先生機嚕咕嚕地用醫學英文談論我的治療方向。總算聽懂一句先生的問題：

「存活率大概有多少？」

「十年，80％……」這句話我也聽懂了。

臨出病房，H教授突然轉頭說：

「多禱告！」這一句話讓我安心。

H教授離開後，和平教會的蔡牧師帶領著大約十位「盼望小組」的兄姐進來了。蔡牧師一向很有效率，寒暄數句，很快地大家圍成一圈，一一爲我次晨的手術順利及康復禱告；叫我更加安心。平日換床就不易安眠的我，面臨動刀，居然一覺安睡到天亮！

清早六點鐘，和先生工作的馬偕醫院關係密切的王牧師娘、吳祕書、胡長老，到我的床前爲我開聲祝福祈禱。來得那麼早，是因爲吳祕書要趕去開晨會。眞叫我感動啊！

開刀很順利，十天後引流管拔除，縫線也拆了，只剩讓疼痛慢慢解除的等待。

代禱卡片

接下來的化療電療等過程，之所以心情平靜，還時時有幸福感，想來是天天都有人爲我禱告的緣故。我很少接受探訪，但非常期盼有虔誠信主的弟兄姊妹爲我祈禱。因我相信他們所求的，都可以上達天聽！

某日正在醫院接受化療時，老友 **Jean** 輾轉託人送來一張慰問卡，內容是：

「只是想告訴妳，有人在爲妳禱告。我們都關心妳、愛妳，慈愛的天父更愛妳……。」

一旁是許多CWC（基督教婦女會）姐妹們的簽名。

這張慰問卡我一直保留著，和此段期間收到的許多卡片，一起珍藏起來。尤其難忘馬偕醫院祕書處的林祕書，在我治療期間，幾乎每週都送我一張美麗優雅的卡片，寫滿安慰的言語。例如：

「身體不適時，日子一天一天過就好；否則半天半天過也可以……。」

眞是聖經馬太福音六章34節的最佳詮釋啊——

「不要為明天憂慮，因為明天自有明天的憂慮；一天的難處一天當就夠了。」

隔壁的教會

我自己的教會（和平教會）離家較遠，尤其療病期間不易前往。

所幸七年前購屋時，上帝在我家隔壁「附贈」了一個小教會。雖然禮拜天不常去，但平日只要經過，就會想進去探看。如果正好C牧師在，還會找他聊一聊，請他爲我們家祝福一番。由於就近的緣故，不僅我們一家人，還包括我的侄兒，都受過C牧師的照顧。這個教會的優點之一，是預備有代禱卡，塡寫之後，每週就會有禱告會爲你祈禱。

想當然爾，我絕不會放棄這樣的「福利」。如此芳鄰，也幫助我不致於因長期在家當「宅媽」而抑鬱！

寄發簡訊

當我身體特別不舒服，或者第二天要作治療、壓力較大的情況下，打電話和寫email都太累，於是乎，躺在床上慢慢在手機上寄發簡訊，是我常用的請求代禱方式：

「請爲我的主治醫師禱告，盼他下最正確的診斷，做出最好的指令。」

「求主幫助，所接受的治療，只有益處，沒有壞處，沒有副作用。」

「請爲我的先生禱告，讓他老人家不要那麼煩惱我的病情。」

「感冒了，需要代禱，否則明天要做化療，很緊張。」

奇怪！每次發完簡訊後（給四十人以上），心情就大大輕鬆。我認爲不是心理作用。因爲我已將憂慮卸給上帝，知道祂必顧念我（註一）。也相信義人的禱告大有功效（註二）。結局總是：關關難過關關過！

生死盟

請人代禱的經驗，讓我想到一位Y牧師。他常公開表示，能夠健康地牧養教會，要歸功於有兩百位左右的代禱夥伴。記得神學生時代，他是一位文弱書生，有時考試緊張忙碌，還要心臟不適送急診處！如今他卻是一位健康有成就的牧師。Y牧師將與代禱者的關係，稱之爲「生死盟」，其實是很有道理的。

如今，我也有一批「生死盟」的好友，當我一個人禱告無力時，永遠支持我！

（註一）：聖經彼得前書五章7節

（註二）：聖經雅各書五章16節

與上帝相會的時光

對於一個足不出戶、只有來回醫院和家裡療病的人，什麼是他平安喜樂的泉源呢？

一個禮拜天以上教會爲樂，週間以參加團契、小組、查經班、禱告會爲享受的人，無法到自由外出時，如何不得憂鬱症呢？

早晨的相會

每天早晨，我進入一個清爽美麗的小房間，窗外有遠山、有近屋，放眼望去，時而藍天白雲、時而煙雨濛濛。由於尚未完全清醒，我會先做個二十分鐘體操，接著或揚聲高唱詩歌，或禱告、讀聖經、書寫靈修日記、心情點滴等等，並無一定次序。但一個鐘頭下來，感覺心靈徹底被滌淨了，讓我的一天有好的開始。這就是基督徒的「晨更」。

正如羅慧夫醫師夫人羅白如雪女士（Mrs. Lucy Noordhoff）在她的《戀戀福爾摩沙》一書中所形容的，這段早晨和上帝相會的時光，使她像是勤奮工作後的台灣水牛，每天都得花點時間在池塘裡納涼一樣——疲倦消失、重新得力。

她也提到，荷蘭神學家盧雲（Henri Nouwen）說過的話：「上帝常常探訪我們，但大多時候我們卻不在家。」日日早晨在家等候上帝，就不會錯過祂的探訪了。

禮拜天的聚集

由於治療期間體力不濟，化療又導致白血球數目下降，以致免疫力差，容易被感染，所以禮拜天就無法到教會做禮拜了。

過去遇到類似情形，不是自己單獨在家安靜，就是和家人一起舉行家庭禮拜。這段期間，正好兒子媳婦有兩個嬰幼兒，帶去教會也無法專心敬拜主，不如全部集中在我家，輪流帶領禮拜。有時也讓平日育兒辛苦的媳婦，暫時放下幼兒，到鄰近的教會敬拜主。

過了一陣子，我對這樣的方式，開始覺得不滿足。就在此時，無意間聽到佳音電台每個禮拜天早晨七點半至九點的「空中禮拜堂」節目，讓我身歷其境聆聽之後，精神百倍！我常將當天的牧師講道內容摘記下來，在家庭禮拜中實況轉播一番。

另外，我的母會「台北和平基督長老教會」的網站，維護得十分完善，內容也非常周詳。由於暫時還不能常到公共場所，所以自己會趁精神體力好些時，上網瀏覽一番，知道教會的近況，聽聽蔡牧師精闢簡短的講道，感到沒有和教會的兄姐斷線。還是可以有個快樂星期天！

早來的聖誕禮物

二〇一一年十一月十五日去醫院做標靶治療時，由於經常陪我的老友阿惠出國旅遊去了，所以由小君和 Vicky 來相伴，Vicky 並送我回家。令我驚喜的是：Vicky 帶來一個輕巧美觀的「詩歌聖經播放器」，內容有一百五十首詩歌、新舊約聖經全集、荒漠甘泉、良友聖經學院講章，以及吳勇長老等牧者的講道集，說是送我的聖誕禮物。

那些詩歌，豐富了我的晨更內容；那些講道集，成了我晚禱時刻的加油劑。尤其已故吳勇長老的信息更是歷久彌新，使我聽了更加緬懷這位主僕的屬靈學問與風範。

心的 church

能夠常常到教會參加屬靈聚會的人有福了！

但有許多人或纏綿病榻，或身繫囹圄，或因政治宗教環境，不能到教會去，也不能在家聚會。像這樣的人，聖經有話幫助他們：

「豈不知你們的身子就是聖靈的殿嗎？」（哥林多前書六章19節）

「主就是那靈；主的靈在哪裡，那裡就得以自由。」（哥林多後書三章17節）

如此說來，我們的心也是一個 church（教會），隨時隨地都可以敬拜上帝。如所有心要與上帝相遇，祂都會成全。至於地點，祂也會安排。

拜科技之賜，如今不僅有紙本聖經、網路聖經，對於視力有礙或行動不便者，還有詩歌聖經播放器可使用。所以當上帝來探訪我們的時候，千萬要在家啊！

秋菊的啓示

鄰居淑貞知道我愛花花草草，在我療病期間，不時插花相贈，也在我家小陽台上擺滿生氣盎然的盆栽。其中一盆原來怒放的粉白菊花，竟在一夜之間變得垂頭喪氣，枝葉東倒西歪，眞是不忍卒睹。我怪罪於風太大、光線不夠強，但還是小心把水澆滿，看看是否有救。未料次晨發現這盆菊花元氣大增，花苞朵朵綻放，枝葉也挺立起來了！

驚訝之餘，想到自己偶有沮喪之時，只要面向陽光（主耶穌），接受足夠的水分（聖靈的澆灌），加上土質好（穩紮穩打的聖經信仰根基），就可以日日抬頭挺胸往前行了。

Jarren哥哥

二〇〇八年十二月二十七日晚上，兒子 Daniel 和媳婦 Grace 來探視我們，並一起作家庭禮拜。之後，我取出一本剛剛出版的《愛呆人生連加恩》送他們。封面上就是作者連加恩醫生和他兩歲大兒子的溫馨合照。我的用意十分明顯。新婚數月的兒子媳婦應該了然於胸。

孫夢成真

第二天早晨，兒子打電話來報告，說是昨晚回去立刻驗孕，證實 Grace 已經懷孕了！我驚喜交集，因本來打算元旦才開始爲他們禱告生子的，未料他們早就向上帝求過了，不讓「媽媽禱告牌」專美於前。

這年頭沒有重男輕女的觀念，且有許多爲人父母者「不重生男重生女」，說是女兒比較貼心云云。然而我已經有了一個住在德國的外孫女，如果媳婦生的是孫兒，有男有女豈不甚好？他們小倆口也早就商量好，希望生一個兒子，再生一個女兒，以後由哥哥照顧妹妹。但這是他們的期待，結果又會是如何呢？

媳婦懷孕的過程十分順利，等到知道性別時，果然是男孩。兒子趕緊將其英文名子取為 Jarren，據說意思是 Cry for Joy（歡呼）。兒子在照超音波時看到胎兒舉起雙手的姿態，馬上解讀為是在敬拜讚美上帝。哈哈！

興奮待產

本來預產期是在九月初的，但他們早早就準備好待產衣物了。八月二十日晚上十時左右，我接到兒子電話，聲音既興奮又急切：

「媽媽，請趕快代禱。Grace 已經在產房，就要生了。胎盤有剝離現象，可能需要開刀……」

「好好好，我馬上發動姐妹們禱告。」這可是我的專長。

我打了三通電話給住在附近的 Elizabeth、Sara，和 Kimi，再補一通給 CWC（台灣基督教婦女會）會長 Linda。Kimi 是退休婦產科醫師太太，認為胎盤剝離手術司空見慣，不用緊張。但我還是跪在地板上祈求主讓媳婦免去手術的辛苦與風險。禱告畢，我又發了一通簡訊給CWC代禱團的姊妹們（大約有二十位），請她們祈禱「生產順利，母子均安」。

大喜消息

忙到午夜十二點鐘，我的心中已經充滿平安，於是和在醫院陪產的兒子聯絡，問他現況如何；他說情況正常，已經不用動手術了，應該會順利。我說那我就去睡囉，孩子出生後，要馬上簡訊通知哦！其實根本睡不著，只好打開電腦處理一些信件。不知不覺到了八月二十一日凌晨三點多，終於收到兒子的手機簡訊：

「親愛的家人：Jarren 已於今晨二點四十六分出生，重三千一百九十六公克，母子均安。恩典數不盡，感謝主！」讀畢，我更是高興得徹夜不能眠了。

Grace 坐月子期間雖然住進安適的月子中心，我和親家母還是勤於探望，爲努力親餵母乳的媳婦進補。大熱天煮食奔波送食的結果，就是兩人都累倒好幾天。不過看到媳婦的辛勞以及小 Jarren 的可愛，一切都甘願。

祝福禱告

Jarren 在三個多月大時，氣質沉穩就像他媽媽，喜歡與人咿咿喔喔地溝通像他爸爸；耳垂甚大好福氣像阿嬤，人中甚長很威風像阿公……。我和親家母成日帶著他的相簿四處獻寶，百看不厭。女兒擔心外孫女伊莎貝兒失寵，也趕緊補寄一本最新的「伊莎貝兒寫眞集」給台灣的阿公阿嬤，讓我身上隨時有兩孫的照片，愛心公平均分。

當然不會忘記常常爲孫兒女祝福禱告——願他們的一生蒙主帶領，健康聰明喜樂地成長，作上帝國度中有用的人。

Jessie 妹妹

據說在接受「婚前輔導」時，媳婦很勇敢地表示婚後她可以生三個小孩；兒子大概比較沒有信心，修改爲兩個。所以繼 Jarren 哥哥出生一年半之後，就有 Jessie 的到來了。

第一印象

Jessie 妹妹的誕生同樣大受歡迎。她出生的時候，我正在做化療，水深火熱中無法到醫院探望，所以急切地等她回家，便立刻邀先生同去祝福禱告。

幾天前就看到傳來的出生照，完全不同於新生兒的乖乖形象；睜大眼睛，看起來意見很多。我對親家母說：

「妹妹看起來很有個性喔！」

「那是和姑姑一樣囉！」（姑姑就是我的女兒）

「也許像瑪格麗特姨婆。」（她是我大妹）

Jessie 妹妹到底會像姑姑還是瑪格麗特姨婆，尚未可知，但嬰兒少見的慧黠表情，就讓我們這些長輩們驚艷了。

驚人之語

她在很小的時候，便顯現出口才便給與意志堅定。兩歲的時候來我家玩，由於媽媽不在，所以大哭大鬧，吵著要媽媽。正不知如何收拾這種局面時，我想起家裡有好吃的玉米，不知她喜歡吃嗎？詢問之下，Jessie 妹妹立刻收起哭聲坐到餐桌旁，高高興興地吃起來，而且慢條斯理向我宣布：

「……我就是吃玉米心情才會好哇！」給自己台階下。

有一天，表姐伊莎貝兒、Jarren 和 Jessie 跟著我們一批大人到馬偕醫學院參觀。到了頂樓，大人聊天，小孩無聊，拿著傘穿過鐵欄杆玩，連腳都伸出去了。我趕緊嚇阻，警告說：

「傘掉下去沒關係，人掉下去就糟了。」

七歲的表姐、五歲的哥哥都乖乖地收傘、收腿，不敢發一語。只有三歲的 Jessie 妹妹，很有學問地宣布：

「我現在才不想死哩！」不知是從哪裡冒出來的驚人之語。

又有一次，她不到四歲吧。偶爾在ＤＶＤ看到一些犯案的失學孩子，被送往「少年學園」安置的鏡頭，便立刻下結論：

「因爲他們沒有人愛啊！」很正確。

輸人不輸陣

Jessie 妹妹從小就力爭上游，表現出輸人不輸陣的氣魄。當哥哥要上幼稚園中班的時候，她認爲自己也有受學校教育的權利，非要堅持上學不可。由於她才兩歲半，連上小班都沒資格，只好勉強擠入個位數的幼幼班。問題來了！那時她整天穿著紙尿褲不肯脫下（大概是怕失禁？）；然而幼稚園不准穿紙尿褲上學，她只好順從不穿。我問：

「那妳不怕尿出來囉？」

「我就忍耐啊。」

這麼小就會忍尿？趕緊勸她報告老師要上廁所。

五歲的時候，禮拜天和哥哥改上英語主日學。我問會不會聽不懂？哥哥馬上說有時聽不懂，我說你可以問老師唷，他點頭。至於妹妹呢？則是頗自信地宣布：

「我全部聽懂。」

後來測試了一下。妹妹雖然英文也很厲害（讀英語幼稚園），哥哥還是比她多懂一些內容和涵義。

最愛芭蕾

某年母親節，哥哥五歲妹妹三歲半，兄妹倆在教會的兒童主日學參加獻詩。妹妹因為年紀及個子都小，站在第一排中央；不僅詩歌琅琅上口，兩隻小手還拉著裙角擺姿勢，好像在擔任獨唱角色。後來我問：

「妳獻詩的時候，雙手為什麼要拉著裙子呢？」

「這樣比較好看哪！」

這讓我想起，哥哥開始學鋼琴時，她也一定要學。鋼琴演奏發表會她也非要表演，最後是爸爸和她合奏，讓她非常滿意。

姑姑觀察她的體態，認爲很適合學芭蕾舞，就鼓勵她媽媽帶去學。如今不僅樂在其中，身體也鍛鍊得很健康，而且是唯一不必和哥哥競爭的美事。

感謝上帝，我的孫兒女都聰明可愛，每一個都各具特色。Jessie 妹妹當然也不遑多讓囉！

父親離去時

父親離開我們的時候，正是「黃金雨」（阿勃勒）怒放的季節。那滿樹黃灩灩燦爛的色彩，飄盪在我日日經過的道旁，淡化我的悲傷，引領我到天堂的黃金街，想像著他在那裏散步的喜悅光景。

父親離去那一天

父親離去的那一天，我和大妹瑪格麗特正在南投縣魚池鄉參加一個健康營。我午休，大妹打電話給照顧父親的菲籍看護，探問老人家的身體狀況。未料電話的那一端，傳來嚎啕大哭聲，不清不楚地說著「爺爺」已經不行了。妹妹大吃一驚，拼命地問：「有醫護人員在旁邊急救嗎？到底是怎麼一回事？通知護理之家的院長夫婦沒？有告訴我弟弟趕快去嗎？」我看大妹好焦急，就安慰她：父親可能只是昏迷。邀她一起禱告後，情緒方才平靜。

決定立刻趕高鐵到高雄，但這當中知道父親的遺體已經送往殯儀館。大妹想要在入冰庫前，再見父親最後一面。我衡量自己的身體狀況，以及未來兩週必須進出醫院做檢查的行程，曉得當時跟去也幫不上忙，所以先自行回台北，由弟妹們全權處理喪葬事宜。他們體恤我大病初癒，打算告別式時再通知我和先生孩子，同去恭送老父榮歸天國。

對父親的懷念

我十一歲就離家求學，二十五歲結婚成家，加上寒暑假，和父親相處的時間也不過十五、六年。但由於我是長女，長得又像他，許多親情的回憶，是難以從腦海中抹滅的。例如：兩三歲的時候，讓父親牽著小手到朋友家拜年，印象深刻的是那一大片攀爬牆角的「南美紫茉莉」，直叫小小的我驚豔不已，以致於紫色成為我一生最喜愛的顏色。

大約四五歲的時候，第一次全家去遠足，目的地好像是虎尾糖廠（那幾年我們都住雲林縣）。我走累了，暮色蒼茫中讓父親背在身上，半睡半醒地回到家——就一個稚齡的小孩而言，最大的安全感莫過於此。小學二年級時，爸爸說要帶我們去西螺大橋玩，在那交通不發達的年代，想到可以親遊「名勝」，眞是興奮無比，心情有如今天要去造訪美國的大峽谷。

我是整個家族同輩中第一個考上大學的。在大專聯考升學率不到20%的當年，能夠登上文法商組第一志願的金榜，難怪母親歡喜得在家門口放鞭炮，父親也特地請假陪我到台北安頓好，方才開心回去。可惜我讀了個不適才、不適性的科系，讀完兩年就念不下去了，又勞父親特別北上來看看有什麼補救的辦法。由於不想再辜負父母的期望，最後終於轉系成功。可以說結婚之前，我最大的喜悅和挫折都有父親的陪伴。

父親留給我的……

父親受的是日文教育，日治時代任文官職。二次大戰終戰後，在母親鼓勵下報考中央警官學校。畢業後從最基層的巡官做到三線二的警察局長退休。父親的中文聽說讀寫能力，在同輩的台籍人士中絕對是佼佼者。早逝的小妹莉曾經說：

「大姐，妳要感謝爸爸，因爲他把傑出的語文能力遺傳給妳。」可惜我沒有好好發揮，近三十年來只出了三本書，連帶幫外子出的書加起來也不過六本。倒是父親的外孫（我的兒子）小黃醫師，三年就出版了三本衛教書籍，相信也是父親的隔代遺傳。

父親個性溫和謙虛守信，人如其名（姓溫諱名謙信），甚少看到他對兒女或部屬疾言厲色。由於他的警官身分，家人多少受到一些保護，但即使是在威權時代，因為父親的榜樣，我們四個兄弟姐妹從來沒有「仗勢欺人」過。我的一位老朋友和警察人員常有來往，曾在父親調任台北景美分局長時，在我家遇見他適來慶祝外孫兩週歲。朋友驚訝地私下問我：

「妳爸爸是警察？怎麼這麼斯文？氣質這麼好？」

父親從公四十年，平均兩三年要調職一次，總共遷居十六次，北至基隆南抵屏東。我們這些小孩光轉學就轉得團團轉，眞不知他老人家是怎麼「處變不驚」過來的。我對他最佩服的就是他的忍耐功夫；遇到再多的困難、再大的打擊，都能忍受其中的痛苦、冤屈，直到光明重現。想到外子常常會說我：

「妳眞有耐心。」言下不勝佩服。

我知道，這也是父親遺傳給我的……。

鎮民的感謝

父親從事的是辛勞的警政工作，加上母親曾獨自回鄉「拼經濟」，夫妻大約有二十年聚少離多。記得有一陣子爲了兒女的教育，我們一家六口分居台灣南北六個地方，但父親總是維持他一貫的溫和與穩重。

我經常在父母的生活中「缺席」，一直到爸爸調任麻豆警察分局長時，由於任期稍長，我就讀的台南女中也離家不遠，方才對父親的工作有初步的了解。記得父親對違法及背離社會道德的事，絕不接受民意代表的關說、也不收取地下賭場及脫衣舞業者的賄賂，以致於他就任分局長的那幾年，麻豆轄區（直通烏山頭水庫）警政一片清明，讓地方百姓津津樂道！當然，能幹聰明的母親時任婦女會長，也爲他拓展了美好的人際關係，得到不少辦案的助力。

聽聞父親要調職他往的地方人士，除了舉辦歡送會之外，都依依親來宿舍道別；尤其是搬家前兩天，幾乎可以說是戶限爲穿。我這才知道父母親受愛戴的程度！我們那時住的宿舍是日治時代「曾文郡守」的官邸，十分寬敞優雅，前院種植著綠葉扶疏的文旦和白柚樹，後院則有柳樹垂蔭的噴水池。圍牆外是一些老舊的矮房子，記得鄰居有人在菜市場賣菜，有人手洗衣服維生，有人以算命爲業，他們不敢進到官邸來，而是等我出門時才對我說：

「妳爸爸是我們遇過最好的警察分局長，眞希望他不要調走。不知道新調來的分局長會不會也這麼好？」

那時，我是多麼以身爲他的女兒爲榮啊！

父親最後的願望

最後一次南下高雄探望父親，是二〇一二年的復活節（四月八日）。那天有兒子陪同前往。我詢問從美國回來服事父親的大妹：「爸爸的臉色好像較黑了？」她說她天天看倒是不覺得，我也就安心。

回台北後，按例每週打一次電話問候，掛斷電話前一定爲他老人家禱告。我問：「爸爸，您現在最大的願望是甚麼？」他答想回家！可是以他當時的身體狀況，住在乾妹妹辦的護理之家是最好的安排，我只能默然。隔週我又問：「爸爸您現在最想向上帝禱告甚麼？」他說希望身體好起來，可以恢復走動。沉默一會兒之後他問我：

「這樣禱告可以嗎？」我說當然可以。雖然醫生私下表示只能坐輪椅了。

我趕緊號召住台北的眾兒孫聯合簽名，限時寄了一張美麗的卡片給他。內頁用端正的筆跡寫著：「主耶穌愛您，我們也都愛您」，盼望帶給他一絲安慰與鼓舞。

父親離開的那天，似乎已經能接受現況，表示他最近身體虛弱，願繼續住護理之家，也向弟弟交代了後事，和護理之家的院長夫婦都打過招呼。臨終沒有痛苦，遺容更顯安祥。我深深慶幸他老人家二十年前就已受洗歸主，確信他蒙主寵召。

這一天，上帝答覆了他的禱告，讓他回到更美的天家，和母親團聚（正巧是母親冥誕）。也讓他永遠脫離病體，自由自在飛翔於天際！

父親最後的願望終於圓滿達成。

鹿溪後記：家父於二〇一二年五月二十三日辭世。六月九日安葬。享年九十二歲。

英英美代子的藍寶石婚

自從二〇一〇年底罹患第三期乳癌之後，我就成了名符其實的英英美代子（台語：閒閒沒事做）。

其實也不眞是那麼閒。開刀、化療、電療、標靶治療等等，就花了一、兩年時光。加上必須持續十年的荷爾蒙治療，以及因應對抗陸續出現的副作用，怎能說我是英英美代子呢？當然，家務有人幫忙，寫作有工讀生代爲打字，比起許多病友來說，眞是太好命了。

叫我英英美代子

治療告一段落之後，每三個月回診一次。或抽血、或照超音波、或做乳房X光攝影，好似生活中只有醫療這件事，眞是無趣啊！何況近兩年來身體免疫力似乎大降，一年中有半載都在重感冒，每次長達一個半月。

此時，先生就會在上班前半調侃地撂下一句話：

「妳就在家做英英美代子吧！」

非常不甘心做英英美代子。如果按照主治醫師的預言，我大概至少還有十年可活。應該有太多心願未完成吧？但情勢比人強，目前最適合我的生活是：早晨起床敬拜上帝、讀經禱告。每天上午安排不同必須做的事。下午休息，黃昏出外散步。晚上在家處理雜務，陪伴先生。

誰說不是英英美代子呢？

五年前的紅寶石婚

回想二〇一〇年適逢和先生結婚四十週年的紅寶石婚，也正好在罹癌之前。記得那時我十分在乎自己對四十年婚姻的貢獻，尚且要求先生一一訴說對我的感謝，還要爲文告白。如今想來，眞是幼稚可笑！

婚姻本來就是二重唱，主要是唱得和諧，有時男高音出來，有時女低音浮現，編織成一條細水長流的人生，再擴展爲綿延不絕的後代。爲何要計較誰付出較多呢？

今年的藍寶石婚

二〇一五年六月二十九日結婚四十五週年（藍寶石婚）當天，我在早餐桌上試著考考先生：

「今天是什麼日子啊？」

「結婚紀念日。」

「答對了。您要不要發表一下感言呢？」

「能夠和我這種個性的人相處四十五年，眞不容易啊！」先生言簡意賅地說完，繼續吃早餐。

好謙虛。他的意思是：他的個性那麼急，那麼完美主義，我這個慢條斯理的妻子要適應他四十五年，眞是不容易。這樣的表白，讓我四十五年來曾經有過的委屈，頓時煙消雲散。

結婚四十五週年的禮物

慶祝藍寶石婚，其實最熱情起勁的是我的大妹瑪格麗特。她早早就寄來電動腳底按摩器，祝福我們兩老身體健康。當天還請花店送來四十五朵藍玫瑰，配上一大朵芍藥（愛情之花），讓我這生性浪漫的姐姐，十分感謝與開心。

至於男主角有沒有送我禮物呢？

「你要買什麼自己去買好了。」簡單扼要。

於是我把早就計畫好的半年保養品和新衣服一次買足（可以打八折）。不愛旅行的先生，尚且允許我和大妹有一趟南台灣之旅。真是太幸福了。

我的回報

總要回報一下先生吧？

想想一向自以為口才便給，常常對先生逞口舌之快，真是有失婦德。也不知曾經傷了先生多少次心？所以今年立下一個小小的心願：

送給先生：一個有同理心的妻子。

希望能做到。我信不足，求主幫助。

後記：前天又不小心，舌戰先生成功。想起自己的心願，後悔不已。隔日重新對先生美言一番，讓他感到被同理。有進步！是為之記。

祝福：老人的功課

祝福老人的美詞

壽比南山，福如東海；身體健康，兒孫滿堂；福星高照，財源滾滾；子孝媳賢（或女孝婿賢）；人生七十才開始，活到百歲笑嘻嘻……。

以上的祝福，到底是眞心誠意還是虛應故事？是必然成就還是遙遙無期？

我自己從六十五歲（青老年期）開始，便常思考自己當如何度過老年生活。未料那年冬天罹患了第三期乳癌，大約治療休養兩年，方才恢復正常生活。其實說正常也不算正常；每三個月要回診一次，按時抽血、乳房攝影、胸部X光、胸部及腹部超音波，天天服用抗荷爾蒙藥片等等，時時都在忙這些與醫療有關的事。

原來老年人一定會遇到的就是健康問題。健康不佳時，能夠「兵來將擋，水來土掩」的勇者不多。大部分老人家只好無可奈何地勤跑醫院；抗拒跑醫院者可能會將網路或親友提供的保健祕方奉爲圭臬，有效與否就很難說了。但無論老人如何「勇健」，八十歲以上沒病者幾稀矣！不論是獨居或有兒女孝敬還是外勞推輪椅，或者住安養院，年年月月無奈度日者不知凡幾？難怪連總統選舉也必須標榜長照政策。

老人的無奈

前幾天，我和移民加拿大三十多年、每年返台探親小住的吳媽媽餐敘。吳媽媽今年七十七，長我六歲，是四十年的好朋友。她一向身體健康，熱情有愛心，樂於助人。在她四十歲受洗歸主之後，傳福音更是不遺餘力，親友中已有五十多位因她的帶領信主。她在教會忠心服事，才華橫溢的兒子也奉獻讀神學院，成爲牧師。貼心孝順的女兒承繼媽媽的愛主胸懷，在教會全時間義務協助聖工。原來對信仰不熱衷的醫生丈夫，因家人的長期潛移默化，也成了稱職的「牧師公」（牧師的爸爸），一家三代幸福美滿。又由於吳媽媽善於理財，也是位富婆。凡此總總，殊堪稱羨！

然而今年的吳媽媽卻大大不同了。去歲之前她身手矯健、活動頻仍；今春摔過一跤，雖然傷勢已好，但由於退化性關節炎和骨質疏鬆的緣故，連走路都有困難了。我陪她走回家的路程原來只需十分鐘，這回一路走一路坐下休息，就花了半小時以上。我因此一再叮嚀她回加拿大後要好好看醫生復健，免得迅速惡化。

雖然吳媽媽覺得此次返台最有成就的事，是爲受洗不久的大姐找到一個好教會，讓她心感安慰。但她自己以前能親力親爲的許多事情，如今卻需要女兒天天陪伴與協助……。

所以餐敘時感慨地說：

「我很希望現在就息了地上的勞苦，到天上主耶穌那裡去。身體不好、全身疼痛、走路不便，活著眞是無可奈何啊！」

她的心思我瞭解。因爲每逢出門，我都會看到一些活得無奈、不喜樂的老人。但那不該是生活無憂、兒女孝順、先生健康、受到大家尊敬愛戴的吳媽媽。想到我自己六年前罹癌時，由於醫療資源豐富、先生兒女外甥悉心照顧，代禱的弟兄姊妹又多，所以並無特別的傷感；反而一心等待療程過後能夠更加健康喜樂，甚至一圓年輕時未竟之夢。未料事與願違，病後腦力、體力皆大減，只好逐漸調整自己的生活方式與志向。老人家眞是有志難伸嗎？

聖經中的老人

於是我觀察聖經人物，到了老年都在做什麼？

（一）聖經沒有「退休」這兩個字。例如摩西知道自己即將離世，便交代好遺言，把工作傳承給早已栽培的晚輩約書亞。

（二）雖然聖經中令人敬佩的老人，例如迦勒，到了八十五歲依舊身強力壯，但也有老死的一天。所以在發現自己老了，卻仍未走完人生路程之前，他們會祝福晚輩。就像老雅各除了祝福兒子們之外，也同樣祝福善待他們家的埃及法老王。

（三）一直在聖殿敬虔服事到老的西面和亞拿，親眼看到嬰孩主耶穌之後，知道上帝的應許成就了，方才安然離世。

（四）殉道者無論老中青，都祝福了他們的後裔與服事的對象。

學習祝福的老人

所以我對吳媽媽說：

「我們老人家最有意義的工作，就是祝福人。」

「祝福晚輩、祝福鄰居、祝福親友、祝福教會、祝福所遇到的每一個人……。」

「甚至祝福國家社會……。」

吳媽媽那有點意興闌珊的臉龐，發出喜悅的光芒，說：

「每次回台灣，親朋好友都約我吃飯。大家也都漸漸老了，但我很希望在聚會中，不是只聽到抱怨的言語。今天聽妳一席話，我眞的很開心。」

祝福的功課

接著我告訴她自己如何學習祝福的功課。由於今年才有這項新發現——老人就是要祝福人，所以我也是初學者。試舉例如下：

（一）每天早晨，一一提名爲先生兒孫祝福。自比爲「家族的大祭司」，不敢偷懶。
週間每一日則輪流爲禱告簿上的親友團體及教會持續代禱。

（二）每週有一天邀請兒孫來家中聚餐，餐後舉行家庭禮拜。盼望他們身心靈都得休息與飽足。

（三）只要親友有需要，就在 Line 或手機簡訊及 FB 中陪伴代禱，直到事情解決或有所轉圜爲止。

（四）身體好並時間允許時，出門探訪需要被探訪的人，安慰鼓勵並爲他們祝福禱告。

（五）每次搭計程車，上車我就先打招呼，下車也祝福司機。

（六）與人眼神交會時，我必定練習先微笑。如果對方不領情，他其實就是最需要被微笑的人。這是由《在落地之處開花》這本書的作者渡邊和子修女學來的。

（七）郵寄《鹿溪的部落格》、《身教》、《悠悠醫者心》等家人所寫的感恩見證作品，給需要被鼓勵的親友（郵局就在我家對面，多麼方便）。

（八）適時贈送合適的禮物……。

日日祝福人

原來老人可以用不同的方式祝福許多人。何況現今網路發達，「老人不出門，能知天下事」「老人居家中，祝福天下人」。猶記得聖經上有句話：

「主發命令，傳好信息的婦女成了大群。」（詩篇六十八篇11節）

但願：

日日祝福的老人成了大群！阿門。

跋：眞能幸福到老嗎？

七年前出版的《鹿溪的部落格》一書，承主流出版社鄭超睿社長玉成，打算出增訂版了。七年之間，我有了更多人生閱歷，對親情友情愛情與主恩也體驗益深。因此修了舊文，又加上十一篇新文，終於完成《幸福到老》這本感恩見證集。

記得當初是因小兒（黃瑽寧醫師）的鼓勵，要我寫部落文章慢慢累積成書的。無獨有偶，他也是寫部落格文章起家，甚至得獎，以至很快地成爲人氣作家，眞是始料未及啊！

而自從 FB 和 Line 風行之後，許多人的閱讀習慣改變，只喜歡看照片、按讚、短短批評一下新聞。像我這種「ＬＫＫ」的回憶性文章，還有人注意嗎？然而自從聽說有些讀者在七年前看了「鹿溪的部落格」之後，至今仍三不五時取出重閱；這樣的人又不一定是文青型，尚且有商界女強人！眞是令我感動與瞠目。

女兒說可能因我的文章比較溫暖。而我私下檢討，是因自己不擅長編故事，只能老老實實書寫之故。讀後可能不見得有人羨慕鹿溪的一生，但肯定有人羨慕鹿溪有上帝可靠。否則像我這種先天有點多愁善感，老來易轉爲憂鬱型的婦人，所寫的文章卻很正面；如果不是堅持信仰上帝，爲何愈老愈達觀？

其實幸福這兩個字已經十分被濫用了。但「有人愛」這樣的定義，應該不會被反對。連我那四歲時的小孫女，都知道沒人愛的小孩容易誤入歧途。大人若是沒人愛又如何？寂寞、悲切、自憐、叛逆、嫉妒、報復、挺而走險等等，都有可能。

如果有人愛，不僅個人的情感需求得到滿足，連帶客觀的願望也因人相助而比較容易達成。但愛你的人，無論是父母配偶或親友，總有不在身旁的一天；此時再來咬緊牙關度日，的確不易。因此我很早就體會到，這個世界沒有上帝是不行的；因爲祂是造物主，是人類及萬物的源頭，當然也就是愛之所在了。

所以，我並不認爲相信上帝後就事事順遂，或許會遇到更多磨練也說不定；但結果總會發現：上帝的確愛你。若你讀完這本著拙作，看看我五歲至七十歲的平凡境遇，可能會開始思考：爲何鹿溪一直被上帝所眷佑？

這就是我相信自己能夠「幸福到老」的緣故。

生命記錄系列 4
幸福到老：鹿溪的部落格感恩增訂版

作　　者：鹿　溪
編　　輯：馮眞理、洪懿諄
封面設計：張湊綺

發 行 人：鄭超睿
出版發行：主流出版有限公司 Lordway Publishing Co. Ltd.
出 版 部：臺北市南京東路五段 389 巷 5 弄 5 號 1 樓
電　　話：(02) 2766-5440
傳　　眞：(02) 2761-3113
電子信箱：lord.way@msa.hinet.net
郵撥帳號：50027271
網　　址：www.lordway.com.tw

經銷

紅螞蟻圖書有限公司
台北市內湖區舊宗路二段 121 巷 19 號 1 樓
電話：(02) 2795-3656　　傳眞：(02) 2795-4100

華宣出版有限公司
新北市中和區連城路 236 號 3 樓
電話：(02) 8228-1318　　傳眞：(02) 2221-9445

2016 年 10 月 初版 1 刷
2016 年 12 月初版 4 刷
2022 年 11 月 POD 初版 5 刷
書號：L1605
ISBN 978-986-92850-4-9（平裝）

國家圖書館出版品預行編目資料

幸福到老 : 鹿溪的部落格感恩增訂版 /
鹿溪作. -- 初版. -- 臺北市 : 主流, 2016.10
面 ;　公分. -- (生命記錄系列 ; 4)
ISBN 978-986-92850-4-9（平裝）

1.基督徒　2.見證

244.95　　105019270